고품격 서비스 통(通) 매너

최인희 이진영 정은경 정현경 황현희 황혜원 공저

양 성 원

머리말

선진국과 후진국을 나누는 기준에 대해서는 다양한 견해가 있다. 전체 산업 중 서비스산업이 차지하는 비중을 기준으로 구분하는 방식은 전통적인 분류방식이었다. 서비스 시대의 도래와 함께 서비스는 그 나라의 문화적 수준을 가늠할 수 있는 척도로서 기능을 수행하고 있다.

여러 기업에서도 예측하지 못하던 서비스 경쟁을 차별화하기 위해 더 많은 노력과 비용지불을 하는 것만 봐도 이제 단편적인 서비스로는 고객만족이 어렵다는 것이다. 지금의 서비스 환경은 배타적에서 포용적으로 중산층에서 누구일지 모르는 새로운 고객층으로 바뀌었다. 문화와 환경에 차이가 있어도 서로 인정하고 상호 교류하는 것이 중요하다는 의미이다.

글로벌 시대에 부응하는 서비스 매너의 필요성은 필수불가결한 요소이다. 그러나 과거에 통하던 방식과 서비스가 더 이상 통하지 않을 수 있다. 그 이유는 더 이상 고객은 매스 미디어를 보고 상품을 구매하고 결정하지만은 않기 때문에 새롭게 달라진 고객행동, 심리, 의사결정 등을 간과해서는 안 될 것이다. 이런 변화를 잘 알고 대처하기 위해서는 실제 기업에서 요구하는 서비스가치 추구이념이나 고객이 추구하는 사회적 분위기에 전 세계로 연결되는 고객중심 서비스의 관점을 제대로 이해하는 것이 급선무일 것이다.

흔히 서비스라고 하면 물리적으로 만질 수 있고 재고 보관이 가능한 제품과 차별되는 무형의 서비스만을 생각하는데 레스토랑 서비스, 호텔서비스, 교육서비스 등 모두 무형의 서비스만을 말하지 않는다.

서비스 제공시설과 서비스에 부수적으로 포함되는 다양한 상품에 대한 완벽한 준비가 이루어지며, 여기에 서비스 매너가 가미되어야만 완벽한 서비스가 완성될 수 있다.

아무쪼록 본 저서를 통해 여러분이 퍼스널 이미지를 잘 익히고 세상을 밝고 뜨겁게 빛내는 성숙한 서비스인으로 산다는 건 결코 쉽지 않는 일이다.

나의 감정과 무관하게 늘 웃는 가면을 써야 하기 때문에 서비스인으로서 자긍심을 갖고 서비스 원칙을 배우며 최고의 서비스전문가로 성장하기를 진심으로 소원하며 이 책을 선택해 주신 여러분께 감사함을 전한다. 아름다운 사람으로 우리 사회에서 욕심내는 인재가 되어 그 역량을 힘껏 발휘하기를 바란다.

끝으로 함께 좋은 책을 위해 애써주신 양성원 강철원 대표님과 작은 부분도 놓치지 않으려고 꼼꼼히 살피는 황남수 이사님과 편집부, 모든 임직원 여러분께 감사의 인사를 드리며 더불어 이 책을 선택해 주신 여러분께 감사함을 전합니다.

2018년 2월

저자 일동

차 례

Chapter 01

자기 표현(PR)시대

1. 자기 관리의 필요성

2. 미래설계를 위한 시간의 이해

학습목표

1. 셀프리더십, 나의 감정과 친숙해지고 좋은 인성의 중요성을 느낄 수 있다.
2. 20대, 청춘의 변화를 생각하며 미래에 대한 목표와 비전을 설정할 수 있다.
3. 자기 긍정적인 패러다임을 정의하고 시간관리를 통해 자기 관리를 할 수 있다.

1 자기 관리의 필요성

1) 나의 감정과 친해지기

(1) 셀프리더십의 중요성

❶ 셀프리더십의 이해

셀프리더십(self-leadership)의 개념으로는 기존의 리더가 조직구성원에게 영향력을 행사하는 거래적(transactional) 관점의 전통적인 리더십과 달리 개인이 자기 스스로에게 영향을 미치는 과정(Manz, 1986)으로 리더십 대체요인 이론에 근거하여 제시한 리더십이론이다.

밖에서 보는 나와 안에서 보는 나는 다름을 지각하고 나의 정서와 욕구를 파악하는 힘을 스스로 길러야 한다. 행복도 연습이라는 말이 있다. 평소에 나는 자신의 욕구와 감정을 잘 알고 있는지 확인해 보자. 감정이 주는 메시지에 대해서 통제하고 잘 반응하고 있는지, 내 욕구나 삶의 자극에 대해 선별할 수 있는 통제감과 책임감은 있는지 다음 표를 보며 체크해 보자.

감정의 종류

무덤덤한 느낌	자극이 어떤 욕구와 관련이 없는 상황 – 무덤덤하고 특별한 느낌이 없음
유쾌하고 즐거운 느낌	욕구가 충족된 상황 – 행복하고 즐거운 느낌 예) 안도감, 편안함, 기쁨, 만족함
불쾌하고 불행한 느낌	욕구 불충분 상황 – 불행하고 화가 난 느낌 예) 슬픔, 화가남, 짜증남, 창피함, 괴로움, 두려움

(2) 좋은 인성 갖추기

사회생활을 하다보면 '저 사람은 참 버릇이 없어' 또는 '예의가 없어'라는 말을 듣게 되는 경우가 있다. 바로 인성이 부족하다는 표현인데, 바른 인성이란 '사람의 성품, 각 개인이 가지는 사고와 태도'로서 사전적 정의를 빌리면 좋은 인성을 지닌 사람이란 좋은 성품과 좋은 사고, 좋은 태도를 지닌 사람이라고 할 수 있다.

일관성 있는 삶의 철학을 바탕으로 미래지향적인 긴 안목을 가지고 목표와 계획을 가지고 살아가기 위해서 반드시 인성을 갖추는 노력이 뒷받침되어야 한다. 좋은 인성을 갖추기 위해서는 먼저 자기 자신을 사랑해야 한다. 나르시시즘(Narcissism)은 자기 자신에게 애착하는 것으로 자신이 리비도의 대상이 되는 정신분석학적 용어로, 자기애(自己愛)라고도 번역한다. 물에 비친 자신의 모습에 반하여 자기와 같은 이름의 꽃인 나르키소스, 나르시시즘은 그리스 신화에서 호수에 비친 자기 모습을 사랑하며 그리워하다가 물에 빠져 죽어 수선화가 된 나르키소스(Narcissos)라는 미소년의 이름에서 유래되었다. 프로이트(Freud)가 이 말을 정신분석학에서 자아의 중요성이 너무 과장되어 자기 자신을 너무 사랑하는 것을 지칭하는 용어로 사용하였는데. 프로이트는 나르시시즘에 대해 자기 자신을 리비도의 대상으로 삼는 것이라고 정의하였으며, 인격적 장애의 일종으로 보았다.

요즘 서점에 가보면 성공한 사람들에 대한 수많은 책들이 무수히 쏟아져 나와 있다.

이 책들을 자세히 살펴보면 공통점을 찾을 수 있는데 자신의 존재의미를 잘 알고 있으며 가치에 대한 끊임없는 탐색을 하며 '나는 누구인가?'를 잘 파악하며 명확히 인식하고 있으며, 삶의 비전과 목표를 가지고 끊임없이 노력하는 사람들이라는 것을 알 수 있다. 특히 요즘 같이 하루하루가 빠르게 변화하고 발전하고 있는 현대 사회에서도 여전히 강조되고 있는 것은 사람의 인성 부분이다. 사회생활을 하면서 대인관계 속에서 인성이 중요하다는 것은 진심이 깃든 배려와 존중이 일상에서 자연스럽게 배어 나오는 것으로 조화롭게 이 사회에서 살아가기 위해 기본으로 갖추어야 할 자세라고 할 수 있다.

인성 좋은 사람들의 공통적인 특징

❶ --

❷ --

❸ --

❹ --

❺ --

※ 다음 표를 통해 자신을 점검하며 지금 사회에서 필요한 인재는 변화하는 환경 속에서 자기경영을 실천하는 사람으로 자신의 미래설계를 위해 어떤 노력이 필요한지 작성해 보자.

SWOT 자기 경영 분석 Tool

내부 환경 (나의 성향)	강점(Strength)	약점(Weakness)
외부 환경 (나를 둘러싼 환경)	기회(Opportunity)	위협(Threat)

(3) 삶의 비전 설정

자신의 삶의 비전과 목표를 설정하기 위해서 갖춰야 할 덕목은 바로 리더십(Leadership)이다. 여러분이 한번쯤은 읽었거나 들어봤을 책 스티븐 코비의 『성공하는 사람들의 7가지 습관』을 읽어보면 외적 성격과 내적 성품에 대해 이야기가 나온다.

즉 외적인 성격에 기반하는 기량도 중요하지만 성공을 향한 노력과정 속에서 중요한 요소는 책임감, 겸손, 절제, 용기, 언행일치, 긍정적인 패러다임, 인내 등 황금률과 같은 것이 기반이 되었을 때 성공하는 리더로서의 진정한 역량을 발휘한다고 스티븐 코비박사는 말하고 있다.

이 중에서 내 삶을 위해 꼭 필요한 역량인 책임감에 대해 자세히 살펴보도록 한다.

먼저 책임감(Responsibility)은 '반응'을 뜻하는 Response와 '기술'을 뜻하는 Ability의

합성어이다. 사회라는 테두리는 타인에게 피해를 주지 않으려는 마음이 동반되어야 하며 상대를 존중하는 마음가짐을 기본 바탕으로 행동해야 하며 내 삶과 조직에 기여한다는 마인드를 갖고 일과에 대한 책임감을 갖고 임하도록 한다. 즉, 책임감이라고 하는 것은 우리가 생활과 상황 속에 받는 자극에 대해 우리가 어떻게 응할지를 결정하는 능력을 말한다.

내가 살아가는 데 있어 책임감이 중요한 이유는 책임감은 자신의 삶에 대한 통제력을 갖게 하는 데 반드시 필요한 요소이기 때문이다.

2) 긍정의 패러다임 이해

(1) 패러다임의 중요성

과거로 돌아가서 유아기를 거쳐 아동기와 청소년기에는 스스로 자신의 삶에 대해 책임을 가지고 있지 않는다. 부모님들이 대부분 아이들의 삶과 생활의 결정권을 갖고 자녀들의 삶을 책임져 준다. 이 상황이 심한 경우 이러한 패턴으로 인해 나이를 먹고 성인이 되어서까지 부모님이 자신의 삶을 책임져 주기를 바란다. 그렇다면 자신의 삶을 주관하고 책임감을 갖기 위해서는 먼저 세상을 바라보는 패러다임의 대한 이해가 필요하다.

'패러다임(Paradigm)'은 그리스어에서 유래된 말로, 원래 과학용어였으나 오늘에 와서는 모델, 이론, 지각, 가정, 혹은 준거 틀의 의미로 더 많이 통용되고 있다. 일반적으로 패러다임의 대한 정의를 살펴보면 우리가 세상을 바라보는 방식을 의미한다. 이때 보는 것은 단순히 눈으로만 보는 것이 아니라 지각하고 이해하고 보는 것, 즉 해석하며 바라보는 것을 말한다.

모든 사람들은 제각기 나름대로의 '패러다임'을 가지고 있으며 이러한 패러다임으로 세상을 바라보고 해석한다.

이러한 패러다임은 개인의 삶과 생활에 영향을 미치게 되고, 판단하고 행동하는 태도에 영향을 미치게 된다.

(2) 비전 설정

우리 모두는 성공적인 삶, 타인에게 인정받는 삶, 물질적으로 풍요로운 삶을 원하지만 이것을 모두 갖는 것은 쉽지 않다. 그러나 적어도 자신을 사랑하는 법을 안다면 행복은 쉽게 얻을 수 있다. 성공학 대가인 브라이언 트레이시는 '자신을 완전히 사랑하기 위한 방법'에 있어 5가지를 제시하고 있다.

❶ 자신을 아무 조건 없이 받아들여야 한다. 자기 수용은 자부심의 기초라고 할 수 있다.

❷ 자신의 삶과 자신의 행동에 대한 결과는 100% 책임을 져야 한다. 책임감은 자신에 대한 사랑의 본질이기 때문이다.

❸ 가치 있는 목표를 세우는 것이다. 목표 설정은 자신의 삶을 제어하고 계획성 있는 시간을 설계하게 한다.

❹ 자신이 넘어졌을 때 다시 일어서는 것이 중요하다. 가혹한 환경 속에서 오히려 삶의 진정한 지혜를 구할 수 있기 때문이다.

❺ 무엇보다 자신의 몸을 잘 돌봐야 한다. 잠재의식의 깊은 곳에 자리 잡을 때까지 하루 100번씩 "나는 내가 좋다, 나는 내가 좋다, 나는 내가 정말 좋다"라고 소리 내어 말하도록 한다. 이것이 바로 자신을 좋아하도록 만드는 절대적 프로그램이다.

비전이라고 하는 것은 우리가 미래에 이루기를 바라는 것에 대한 기대라고 하는 것이다. 윌리엄 제임스는 "인간의 역사에서 가장 위대한 발견은 마음가짐을 바꾸면 삶을 바꿀 수 있다"고 말하였다. 이것은 이 기적 같은 캔버스의 마법을 의미하는 것으로 사람은 생각하는 대로 되는 법이다. 낙관적인 생각을 하면 낙관적인 인생을 살게 될 것이고, 비관적인 생각을 하면 비관적인 삶을 살게 된다는 것이다. 자신의 분야에서 최고가 되겠다고, 그리고 되었다고 생각하고 스스로에게 최고가 된 자신의 이미지를 그리고 바라던 자신의 완성된 이미지가 바로 비전이 되는 것이다. 비전이란 스스로 자신이 누구이며 앞으로 어떠한 사람이 될 것인가에 대한 목표를 명확하게 세우는 것이다. 그렇기 때문에 우리는 비전이라는 것은 막연한 꿈이 아니라 당장 실현되지는 않았지만 반드시 미래에 만날 수 있게 될 현실이다.

마음경영을 잘하는 사람은 품위와 교양을 위해 늘 투자한다. 여기서 품위란 삶의 하강기가 찾아와도 퇴행하지 않을 수 있는 능력이다. 고통에 직면하면서도 무뎌지지 않을 수 있는 능력, 극심한 고뇌를 겪으면서도 제자리에 남아 있을 수 있는 능력은 품위를 지킬 때 완성된다는 미국의 정신과 의사이자 상담학자 모건 스콧 팩(의사)의 말이다. 스콧 팩의 저서 중에 『아직도 가야 할 길(The Road Less Traveled)』이란 책이 있다. 저자는 자신의 임상경험을 바탕으로 인간 완성의 길이 무엇인지를 알려준다. 또한 비전은 우리가 생각하고 상상력을 확장할 수 있고 가슴에는 비전을 이루고자 하는 열정으로 가득 차게 한다. 가끔은 현실에서 부딪히는 역경이라도 극복해 나갈 수 있는 힘을 주고, 나에게 다가오는 장애를 털고 불가능해 보이는 것에서 가능성을 발견하게 해 주는 것이 비전이다. 여기에서 비전의 대한 의문이 들 수 있을 것이다. 만약 그렇다면 다음 질문에 답할 수 있는 것이 자신의 비전이 될 것이다.

'무엇을 하든 절대 실패하지 않는다고 가정할 때, 내가 꼭 갖고 싶은것, 되고 싶은 것, 성취하고 싶은 것은 무엇인가?'

이 질문에 대답하기 위해서는 자신의 장점과 능력을 먼저 찾아보아야 한다. 이것을 통해 비전을 달성하게 될 것이기 때문이다.

비전을 위해서 우리는 가슴에 꿈을 가득 담아야 한다. 비전을 설정한다면 작은 비전보다는 거대한 비전을 세우도록 한다.

마지막으로 비전을 설정할 때는 글로 쓰라는 것이다.

한 대학에서 인구통계에 관한 조사를 실시했다. 인구의 3%가 엄청난 성공을 거두어 상류층을 형성하고 있고, 10%는 비교적 여유 있게 살고 있었으며, 60%는 겨우 생계를 꾸려가고 있고, 나머지 27%는 다른 사람의 도움을 받으며 어렵게 살고 있다는 것이다.

여기에서 놀라운 사실 한 가지는 엄청난 부를 누리며 사회를 실질적으로 이끌어 가고 있는 상위 3%의 사람들은 '글로 쓴 구체적인 목표'를 가지고 있었다는 것이다.

반면에 중산층 10% 그룹은 구체적인 목표를 가지고 있긴 했지만 글로 쓰지는 않고 마음 속에만 생각하고 나머지는 거의 목표를 가지고 있지 않았다는 것이다.

더욱 흥미로운 사실은 학력이나 지능 면에서 차이가 있었던 것 아니라 조사 결과 상류층 3%와 중산층 10%는 재능, 능력, 학력, 지능 면에서 차이도 없음에도 불구하고 상류층 3%의 사람들이 중류층 10% 그룹과 10배 이상의 탁월한 능력을 발휘하고 있었다고 한다. 단지 두 그룹 사이의 차이는 오직 자신의 목표를 글로 작성했는가의 차이만 있을 뿐이다.

(3) 비전선언문 작성

로리 베스 존스는 비전선언문을 작성할 때 염두에 두어야 할 3가지를 제시했다. 비전 선언문은 (1) 외우기 쉽게 짧게 만들어야 하고, (2) 12세 아이도 이해할 수 있도록 표현이 간결해야 하며, (3) 적어도 세 문장을 넘지 않아야 한다.

비전을 세웠다면 다음으로는 목표를 설정하는 방법에 대해 알아보자.

목표를 설정할 때는 'SMART'를 기억하면 된다. 목표는 너무 멀고 너무 높은 꿈과 같고, 비전은 현실적이어야 하며 우리를 움직이게 하는 동기를 부여하는 것이이야 한다.

S–

M–

A–

R–

T–

❶ S- (Specific), 계획은 언제나 구체적이어야 하고 잘모르는 것에 대한 계획이라도 최소한 구체화시키려고 노력해야 한다. 막연한 목표는 목표로서 의미가 없다. 만약, 목표가 너무 모호하고 제대로 설정되지 않았다면, 그것은 한낱 바람이나 몽상에 지나지 않는다. 예를 들어 먼저 '살을 빼겠다'라는 목표는 구체적이지 않고 명확한 기준을 알 수가 없다. 살을 뺀다는 목표를 설정한다면 '나는 3개월 동안 5kg을 빼겠다'가 훨씬 실현가능해 보이는 목표가 된다. 즉, 구체적인 목표는 우리가 비전과 목표를 이룰 수 있도록 한다.

❷ M- (Measurable), 계획은 측정 가능해야 한다. 측정할 수 없는 목표는 성취에 대한 기준을 정할 수 없다. '체중을 빼겠다'라는 목표를 정했다면 이 목표가 현재 내가 어느 정도의 목표를 이루어가고 있는지에 대한 측정을 할 수 없게 된다.
차라리 '체중을 5kg을 줄이겠다'는 목표가 정해져 있다고 가정한다면, 현재까지 내가 몇 kg의 체중을 줄여가고 있는지 알 수 있으며, 조금씩 지켜가기 위해 어떠한 노력을 더 기울여야만 하는지 알 수 있게 된다.

❸ A- (Achievable), 행동 지향적인 목표로 예를 들면 '체중을 5kg 빼겠다'와 같은 목표를 위해 '매일 운동을 1시간 씩 한다'가 보다 실천 가능할 뿐 아니라 목표를 이루기 위한 행동지향적인 목표가 된다.

❹ R- (Realistic), 도달할 수 있는 목표여야 하며 현실 가능해야 한다.
본인이 목표를 세우고 할 수 있을까 하며 스스로를 믿지 못하는 목표는 목표로서의 의미가 없다. 예를 들어 살을 빼겠다고 목표를 정한 후 운동도 하지 않고 식사량도 조절하지 못하고 "내일부터 시작해야지, 정말 살이 빠질까?" 하며 본인 스스로가 자신을 믿지 못한다면 실현할 수 있는 목표가 될 수 있다.

❺ T– (Time Driven), 반드시 시간의 범위를 정해 두어 시간과 시기적으로 적절해야 한다는 것이다. 사람은 언제나 마감시간이라는 개념 아래에 최대의 집중력을 발휘할 수 있다. 예를 들면 '나는 체중을 5kg 빼겠다'와 같은 목표보다는 '나는 3개월 후 여름방학이 시작하기 전까지 5kg을 빼겠다'가 시기적으로 적절할 것이다.

목표의 마감 기한은 너무 짧아도 좋지 않고 너무 길어서도 안 된다는 것을 기억하기 바란다.

결국 비전이란 전 인생을 통해 궁극적으로 이루고자 하는 미래상이 되기 때문에 비전에는 개인의 인생철학과 가치가 모두 반영되어 있으며, 특히 시간 관리에 있어서 비전은 아주 중요한 요소가 된다.

2 미래설계를 위한 시간의 이해

1) 시간관리의 중요성

우리가 추구하는 행복, 부귀, 명예, 건강을 만들어내는 것은 결국 시간이다. 만약 시간경영자가 되고 싶다면 목표를 설정하고 그 계획안에 비전을 지향하고 있어야 삶의 만족도를 찾을 수 있게 될 것이다. 다음 과정에서 시간 관리에 대해서 자세히 알아보도록 한다.

하버드대학에는 1,000개가 넘는 강의가 있고 100가지 이상의 과외활동이 있다고 한다. 그런데 하버드 1학년생들에 가장 중요한 일은 시간을 관리하는 법을 익히는 것이다. 꼭 해야 하는 일과 하고 싶은 일을 어떻게 균형 있게 안배할 것인지를 배워야 한다. 먼저 '고등학교 시절의 성공 습관'을 버려야 하고 가장 시급한 과제는 책을 읽고 과제물을 해내는 데 얼마만큼의 시간이 드는가를 알아내서 시간관리 방법을 스스로 파악하고 익히는 것이다.

그 이유는 일단 공부에 필요한 시간의 견적이 나와야 다른 활동들을 거기에 맞춰 조절할 수 있기 때문이다.

미래를 위한 꿈과 비전을 설정하고 여러분의 인생을 원하는 대로 끌고 가기 위해서는 스스로의 시간을 효과적으로 관리하는 것이 중요하다.

'Time files like an arrow'라는 격언은 많이 들었을 것이다. 이것을 해석하면 '시간은 화살처럼 흐른다'로 흔히 이야기한다. 그런데 보통 많은 사람들이 시간관리라고 하면 시간(Time)이 중심이 될 것이라고 생각을 하는데, 시간을 중심으로 하는 시간관리는 진정한 시간관리가 아니다. 그래서 여기에서 우리는 자신의 행복과 과의 시간을 통해 얻은 것도 많았던 반면, 자기 자신에 대해 잃은 부분도 분명 있을 것이다. 이제 더 이상 나 자신의 삶을 내가 아닌 다른 것에 맡기지 말아야 한다.

어제는 이미 흘러가버린 시간이며 내일은 가능성의 시간일 뿐이다. 내가 가진 것은 오늘이라는 현재뿐이다. 그래서 현재를 '선물(Present)'이라고 한다.

시간관리는 곧 자기관리와 연결된다. 시간경영을 하기 전 먼저 자신의 사고를 변화시키는 것이 중요하며 습관을 변화시키기 위해서는 자신의 습관을 제대로 파악하고 잘못된 점은 인정하는 것이 먼저이다.

여러분의 업무에서 가장 큰 성과를 내는 업무에 여러분의 시간과 에너지를 쓴다면 삶은 획기적으로 발전하게 될 것이다. 그러기 위해서 스마트한 자기 시간관리가 중요하다.

스마트한 시간관리를 위해서는 먼저 열정을 가지고 즐겁게 일하고 생각하는 태도를 갖추어야 한다.

2) 시간관리매트릭스 활용

어떤 일을 하든지 무엇을 먼저 할지 순서를 정하고 시간분배를 하는 것이 매우 중요한 요소로 아이젠하워는 시간 사용 방법을 관찰한 결과, 사람들이 하는 활동을 중요한 일과 긴급한 일로 나누어 분석하는 새로운 관점을 제시하였다.

시간활용을 위한 도구로 다음 그림표와 같은 매트릭스를 활용하는 것이 이해가 가장 빠를 것이다.

스티븐 코비의 시간관리 매트릭스

	급함	급하지 않음
중요함	I 긴급회의, 급박한 문제, 마감이 임박한 프로젝트, 보고, 돌발 상황	II 계획수립, 사고 예방, 미래 위한 학습, 삶의 재충전, 삶의 가치관 및 비전 확립
중요하지 않음	III 불필요한 보고 및 회의, 다른 사람의 사소한 일, 중요하지 않은 이메일, 사소한 SNS 메시지	IV 인터넷 서핑, TV 시청, 다른 사람 뒷담화, 지나친 휴식, 시간이 낭비되는 하찮은 일

http : //blog.naver.com/jean63?Redirect=Log&logNo=60096171207 재구성

우선순위를 정하기 전에 해야 할 일은 다음날 해야 할 일에 대해 중요한 일과 급한 일을 구분하는 것으로 중요한 기준으로는 '중대성'을 들 수 있다.

중요한 일이란 본인의 실행 여부에 따라 중요한 결과를 만들어 내는 일로 가장 신경을 써야 될 부분이 바로 1사분면의 '긴급하면서 중요한' 부분으로 이것을 하지 않게 되면 여러분의 삶에 즉각적인 문제가 될 수 있다.

그 다음으로 신경 써야 할 부분은 2사분면으로 '중요하지만 급한' 일인 경우에는 특히 자신의 의지와 노력이 들어가는 부분으로 2사분면에 시간을 투자할 때 여러분의 삶은 개선되고 발전하게 된다.

다음으로 우선순위를 정하고자 할 때 그 일이 가지는 잠재적인 결과를 예측하는 것 또한 중요한 방법으로 그 일을 선택함으로써 얻을 수 있는 결과를 예측한다면 어느 곳에 시간을 써야 하는지를 알 수 있게 된다. 예를 들어 시간을 들여 헬스클럽을 다닌다고 생각해 보자. 그 결과로는 건강하고 젊은 몸을 만들 수 있다. 또한 우리가 독서를 하고 악기를 배우며 자

기계발을 하는 것, 좋아하는 사람과 시간을 보내는 것 등은 장기적인 미래에 중요한 영향을 미치게 되는 것이다. 이러한 행동들은 우선순위가 높은 행동이 된다.

반면에, 친구와 만나 수다 떨기, 핸드폰 게임하기, TV 보기, 인터넷 검색하기 등은 장기적으로 본다면 영향력이 없다고 볼 수 있다. 사람이 90세까지 산다고 가정하여 이를 산술적으로 풀어놓은 연구결과가 있다. 잠자는 데 보내는 시간이 무려 23년, 욕실에서 보내는 시간 2년, 일하는 데 26년, 화장실 가는 데 1년, 차 타는 데 6년, 누군가를 기다리는 시간이 약 3년, 신문 보는 시간 2년, TV 보는 시간 4년, 거기에 요즘 핸드폰 만지는 일명 킬링타임(killing time)까지 더한다면 필요 없이 낭비하고 있는 시간만 우리가 잘 활용해도 본인이 계획하고자 하는 목표에 더 빨리 가까이 이뤄낼 수 있을 것이다.

우리 모두에게 주어진 시간은 한정되어 있다. 사람들은 모든 것을 다 할 수 없기 때문에 많은 것을 미루게 되듯 나한테 정말로 소중한 일을 하기 위해서 지금 당장 하지 않아도 될 중요하지 않은 일이 무엇인지 생각한 후 다음 표의 빈칸에 작성해 보고 시간관리를 통해 효과적인 시간관리 습관을 통해 인생관리를 하도록 한다.

3) 효과적인 시간관리 TIP

❶ 시간을 통제할 수 있다는 긍정적 마음가짐이 필요하다.

긍정적인 사고를 가지고 시간 관리의 습관을 바로 갖는 것이 중요하며 삶의 차이를 만들 것이라고 믿는 것이 변화를 만드는 단계가 된다.

❷ 반드시 행동으로 옮기는 것이다.

여러분이 당신의 삶을 사랑한다면 시간을 낭비하지 마라. 삶이란 바로 시간으로 이루어져 있기 때문이다.

❸ 모든 시간을 일과 스케줄의 노예로 보내서는 안 된다는 것이다.

잊지 말아야 하는 것은 시간관리의 궁극적인 목적도 행복해지기 위해서라는 것을 기억하도록 한다.

❹ 끊임없는 반복으로 실천적인 시간경영을 자신의 삶의 한 부분으로 습관화하는 것이 중요하다.

자신만의 시간관리 노하우를 작성해 보자.

	–
	–
	–
	–

Worksheet

1. 나는 누구인가 생각해 보자.

2. 지금까지 살면서 나를 포기한 적은 언제인지 작성해 보자.

memo

Chapter 02

나에게 맞는 이미지 전략

(Image strategy for me)

1. 이미지 메이킹의 경쟁력

2. 이미지의 전략적 활용

학습목표

1. 이미지 메이킹이 필요한 시대, Personal brand의 중요성을 이해한다.
2. 첫인상의 중요성과 끌리는 사람들의 연출법을 습득하도록 한다.
3. 내적이미지의 중요성을 인식하여 자신의 이미지를 강화한다.

1

이미지 메이킹 (Image making)의 경쟁력

1) Personal brand 시대

(1) 이미지 메이킹의 이해

주변에는 너무나도 매력적인 사람들이 많이 있다. 그들은 다른 사람보다 더 쉽게 호감을 얻고 마음을 끌어당긴다. 우리는 그들의 매력에 때로는 맥없이 굴복당하고 충성을 맹세하고 끝없는 헌신이나 지지를 보내게 되기도 한다.

어떤 일을 하기 전, 누구를 만나기 전 자기긍정암시를 하며 자기가 성공한 모습을 구체적으로 머릿속으로 그리는 연습을 하는 밝고 긍정적인 사고를 갖는 것이 좋은 이미지를 만들어 내는 최고의 에너지가 된다. 영국 전 총리인 존 메이저는 어릴 적에 무척 가난했지만 한 번도 비관적인 생각을 갖지 않고 항상 희망을 갖고 밝고 긍정적인 사고를 갖는 사람에게 복을 준다고 생각해서 그는 그 자리에 있게 되었다고 회상한다. 진정한 이미지 메이킹은 먼저 자신을 찾는 것이 우선시되어야 할 것이다.

먼저 참 자아를 찾는 방법으로 '나는 누구인가'에 정확하게 대답할 수 있어야 하며, 내가 속한 환경에 따른 본분을 알고 내가 좋아하는 것과 싫어하는 것을 정확하게 구분할 수 있어야 하며, 나의 미래에 대한 목표와 비전을 세울 수 있을 때 비로소 참 자아를 찾았다고 말할 수 있다.

또 주관적 자아상과 남이 나를 바라보는 객관적인 자아상을 일치시키는 것으로 내적·외적이미지의 균형과 오해 없이 인정받을 수 있도록 한다. 개인이 생각하는 이상적 자아상을 구축하고, 끊임없이 자신의 모습을 향상시켜 나가고, 원하는 미래상을 구축하고자 할 때 이미지 메이킹은 훨씬 효과적으로 이루어질 수 있는 것이다.

한마디로 이미지 메이킹이란 개인이 추구하는 목표를 위해 자신의 이미지를 통합적으로 관리하는 행위이자 자기 향상을 위한 모든 노력이라고 할 수 있다. 그래서 성공적으로 개인의 이미지를 향상하기 위해서는 단순히 표면적인 외적인 것만을 관리하는 것이 아니라 내적인 본질을 먼저 메이킹하며 타인으로부터 호감과 인정을 받는 것이 중요하다. 왜냐하면 개인의 총제척인 이미지는 결국 개인의 내면과 외면의 조화로부터 결정되기 때문이다.

좀 더 구체적으로 이미지 메이킹(Image making)에 대해 자세히 살펴보도록 하자.

윌리엄(William, 1991)은 자기 이미지(self-image)란 자아개념과 같은 의미로 사용되고 있으며 개인의 생각과 느낌의 총합으로 이야기하고 있다. 우리나라에 이미지 메이킹이 도입된 것은 약 30년 전의 일로 우리나라에서는 김경호 박사의 의해서 최초 이미지 메이킹의 이론 정립이 되었다. 그 이론을 보면 이미지 메이킹이란 '개인이 추구하는 목표를 이루기 위해 자기 이미지를 통합적으로 관리하는 행위이자 자기 향상을 위한 개인의 끊임없는 노력을 통칭하는 것이다.'라고 나와 있다. 이미지 메이킹이 중요한 이유는 바로 개인의 인간관계와 밀접한 관련이 있으며, 인간사회에서 그 바람직한 인간관계를 갖는 것은 개인의 행복뿐만 아니라 삶의 질을 향상시키고 또 직장에서 업무 성과를 높이는 것과도 직접적으로 연결이 되어 있기 때문이다. 따라서 성공적인 이미지를 경영하기 위해서는 겉모습만 관리해서는 안 되고, 내면·외면·관계적인 면을 통합적으로 관리하되, 좀 더 진실되고 허풍이나 가식적이지 않고 보다 더 그 사람의 진면목을 바라볼 수 있는 하나의 가치, 기준이 될 수 있는 것을 갖춘다.

내적이미지란 그 사람을 떠올렸을 때, 함께 연상되는 이미지이다. 내적인 이미지가 그 사람의 '셀프 브랜드'가 된다. 이미지란 마음속에 그려지는 상(象), 표상(表象), 심상(心象)의 뜻을 가지고 있다. 어원은 라틴어의 'Imago'인데, 이는 사물이나 사람에게 받은 인상과 감각등에 의해 마음속에서 재생하는 것을 말한다.

나의 이미지 작성

내가 생각하는 나의 이미지는?

(2) 이미지 메이킹의 중요성

즈닌의 '최초의 3분간'이라는 말처럼 대부분의 인상은 아주 짧은 시간 안에 결정하며 그 만남의 인상으로 호감을 통해 심리적 계약이 발전하여 신뢰감이 형성되기도 하고 영향력이 만들어지기도 하지만, 반대로 비호감적인 인상이 결정되면 계약 발전에 실패하여 관계가 정지된다고 한다. 이렇듯 사회적인 만남은 이미지와 이미지의 만남이라고 해도 과언이 아니다. 따라서 얼굴도 하나의 경쟁력이라는 말이 이제 어색하지 않는다. 당신은 좋은 얼굴, 좋은 인상을 만들기 위해 얼마나 노력하고 있고 당신이 성공하고 싶다면 꼭 갖추어야 할 것은 무엇이라고 생각하고 있는가를 잠깐 생각해 보자.

미국의 한 기관에서 최근 10년간 직장을 잃은 사람들의 해고 원인에 대해 조사했다. 해고 원인 중 1위는 바로 '인간관계 능력 부족'이 95%를 차지하며 가장 중요한 원인으로 나타났다. 그리고 미국 컬럼비아 대학 MBA 과정에서 기업 CEO들을 대상으로 '당신의 성공에 가장 큰 영향을 준 요인이 무엇인가'에 대해 조사한 결과, 응답자의 93%가 '대인관계의 매너'를 꼽았고, 응답자의 7%만이 '실력'이라고 대답했다.

성공을 하려면 이미지 메이킹을 전략적으로 활용할 필요가 있다는 것을 다시 증명해주는 결과로 볼 수 있다.

❶ 조해리의 창

미국 심리학자 조세프 루프트(Joseph Luft)와 해링턴 인햄(Harrington Ingham)은 두 사람의 이름을 합성하여, 조해리(Johari)의 마음의 창이라는 자기개방모형을 개발하였다. 이 모형 창문에는 자신의 감정, 행동, 기대, 소망, 취미, 관계, 성격의 장단점 등 자신에 관한 모든 것을 포함하고 있다. 이와 같은 마음의 창문을 통해 자신의 대해 더 정확하게 파악할 수 있는 자기모형 도구로 활용한다.

	내가 아는 나 (Known to Self)	내가 모르는 나 (Unknown to Self)
타인이 아는 나 (Known to Others)		
타인이 모르는 나 (Unknown to Others)		

당신이 성공하고 싶다면 '조해리의 창'을 활용하여 자신의 대해 더 분석하고 보완하라고 충고하고 싶다. 좋은 이미지를 습관화하면 주변 사람들로부터 인정과 지지를 받을 수 있다. 그러다보니 매력적인 사람들이 돈과 명예와 권력을 다 갖는 것을 자연스럽게 보고 있다. 매력이란 도대체 어떤 힘이 있어서 우리는 맥없이 사람의 마음을 뒤흔드는 것인가를 고민해 본다면 매력과 끌림에는 "노력"이라는 요소가 필요하다는 것을 깨닫게 된다. 그 노력을 위한 첫걸음이 이미지를 관리하는 것이다.

진정한 이미지 메이킹이란 단순히 얼굴 화장과 메이크업, 옷차림으로 전혀 다른 사람을 만드는 외적인 '꾸밈'이 아니다. 단순한 미의 기준을 뛰어 넘는 개인의 개성과 내적인 특성을 파악하여 자신만의 매력과 강점을 끌어내는 목표가 필요하며 성공을 위한 전략을 만들고 실행하는 과정으로 나를 나답게, 비즈니스상에서 성공적으로 나의 능력을 전문성 있게 살려주기 위한 효과적인 수단이 된다.

여러분은 성공적인 비즈니스에서 가장 중요한 것이 무엇이라고 생각하고 있는가. 바로 첫인상이며 호감 가는 이미지가 전제되어야 성공적인 비즈니스를 이끌기에 용이할 수 있다.

성공인으로서 전문가다운 이미지를 연출하려면 단순한 미의 기준을 뛰어 넘는 목표가 필요하다. 좋은 호감과 이미지를 위해서 먼저 에티켓과 매너를 구분할 수 있으며, 그것을 상황에 맞게 잘 활용할 수 있어야 한다.

Self Check

● 웃는 연습을 하고 의도적으로 밝은 얼굴을 한다.	Y / N
● 화장실에서 문을 두드리는 것은 매너이다.	Y / N
● 운전기사가 있는 경우 최고의 상석은 기사 옆자리이다.	Y / N
● 첫인상보다 마지막 인상이 더 중요하다.	Y / N
● 개인의 이미지는 기업 전체의 이미지에도 영향을 미친다.	Y / N
● 주변의 상황을 미리 살피면서 타인을 돕는 것이 즐겁다.	Y / N

❷ 앨버트 메라비언의 법칙

나만의 이미지 메이킹 방법을 위한 첫인상에 대한 아주 흥미로운 연구가 캘리포니아 대학의 심리학과 앨버트 메라비언(Albert Mehrabian) 교수의 의해 알려졌다. 사람을 평가하는 요소로 3가지로 나눌 수 있다. 그 첫 번째가 시각적 요소로 전체 중 55%, 목소리 등 청각 요소 38%, 그리고 그 사람이 하는 말의 내용이 7%로 전체적인 인상을 결정한다고 한다.

이렇듯 첫인상은, 말을 나누기 전, 외적으로 보이는 극히 제한된 시각적인 정보로 인해 결정되며 아주 짧은 시간에 보여 지는 이미지, 즉 느낌으로 그 사람의 인상을 반 이상 결정한다.

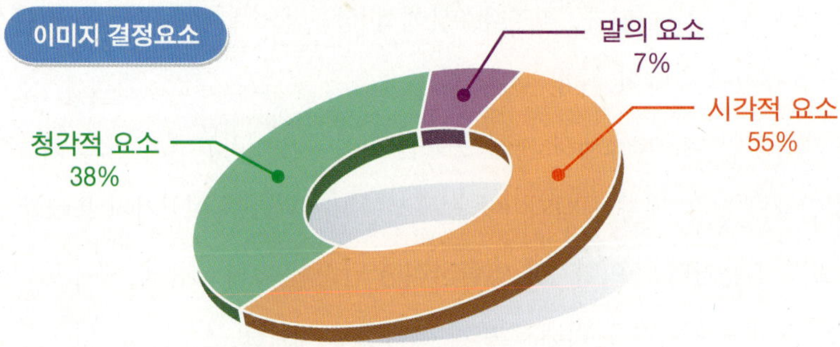

❸ PI(Personal Identity)

자신의 이미지를 만드는 것을 PI라고 한다. 자신의 개성과 특성을 살려 자신의 이미지를 가장 아름답게, 나답게 표현하는 이미지를 만들어 내며 여기서 외모만이 아닌 내적이미지를 포함한다.

이미지는 외모만이 아닌 개인이 가지고 있는 성품이나 신념을 토대로 그 사람이 어떤 행동을 하는가에 따라 표출되어 전체적으로 이미지가 만들어지기 때문이다.

내적이미지는 외적이미지에 영향을 미치는 것으로 진정한 이미지를 만들어내기 위해서는 내적이미지를 관리하고 계발해야 한다.

자신을 사랑한다.

밝고 적극적인 성격이다.

좋은 습관을 갖추려고 노력한다.

자신의 장단점을 알고 수정, 보완할 수 있다.

타인을 배려, 인정하고 올바른 행동을 한다.

내적이미지 강화를 위해서는 자신감을 갖는 것과 자아 존중감을 높이는 것이 중요하다.

자신감은 명확한 미래의 대한 긍정적인 마인드와 목표가 있을 때 진가가 드러나며 또한 어떤 일에서든 즐거움이 동반되어야 형성되기 때문에 끊임없이 자신을 분석하고 최신정보 수집을 받아들이고 보완하는 적극적인 자세가 필요하다. 긍정적인 사고는 심리학자 섀드 헴스테터에 의하면 통상 사람들은 하루 자는 시간 빼고는 5만 가지 생각을 하며 보낸다고 말한다. 그런데 문제는 그 많은 시간 중 85%가 부정적인 생각으로 보내는 시간이 많다는 것이다. 스스로의 의식을 통찰하지 못하고 내버려두게 되면 후회감만 남는다. 이유 없이 자만심을 갖고 행동하거나 열등감으로 자신을 괴롭히지 않아야 한다. 열등감을 핑계로 자기 관리를 게을리 하지 않아야 한다.

긍정의 습관화는 한 순간에 만들어지지 않는다. 긍정은 천성이 아니라 후천의 의식적인 행동이라는 것을 스스로가 각인해야 한다.

(3) 첫인상의 중요성

학자들마다 첫인상에 대한 견해가 다르지만 보편적으로 첫인상은 아주 짧은 시간에 호감과 비 호감 여부로 결정된다는 것이다. 첫인상은 관계의 시작이다. 현대사회에서 우리는 많은 사람을 만나 관계를 맺고 살아가고 있다. 한 사람의 인생이 다른 사람과의 만남과 관계에 의해서 형성되기도 하고 결정되기도 한다. 사람과 사람이 만나면 항상 주어지는 것이 첫인상이라는 평가이다.

첫인상은 아주 짧은 시간 0.03초 동안에 인상이 결정된다고 말하는 학자들마다 인상에 대한 결정이 생김새, 표정, 피부, 자세, 말투, 걸음걸이, 미소, 손짓, 몸짓, 목소리, 복장에 따른 첫인상의 단서가 결과가 된다고 말한다. 이 말은 다시 정리해본다면 좋은 인상을 결정하기 위해서는 시각, 청각, 후각적인 오감 모두를 만족시켜야 한다는 것이다.

사람의 표정은 7천여 가지가 있는데 그 중 좋은 표정을 결정지을 수 있는 좋은 표정근육근이 많지 않다. 처음 만나는 사람 앞에서 밝고 편안하게 미소를 지을 수 있어야 우리는 좋은 첫인상의 이미지를 결정지을 수 있는 것이다. 또한 시선은 영혼을 상징한다고 이야기하듯이 눈빛으로 절제되고 당당하지만 자아가 불안한 사람은 흐리고 초점이 불안하다. 당당하면서도 부드러운 시선을 주고 받는 연습도 필요하다. 또 피부는 맑고 투명한 피부톤을 갖고 있는지 철저한 청결관리를 통해 자신을 관리하는 것이 중요하다. 피부가 어둡고 칙칙하다면 이목구비의 생김새와 달리 좋지 않은 인상을 받을 수 있다.

나의 경험을 통해 첫인상을 점검해 보자.

Q. 첫인상이 중요하다고 생각하게 된 계기가 있다면 무엇인가?

호감을 주는 인상을 위해 다음 요소들을 살펴보도록 한다.

- **턱** : 턱은 약간만 들어도 차갑게 보일 뿐만 아니라 권위적인 느낌을 준다. 반대로 너무 아래로 내리면 눈치를 보는 소심한 이미지를 주기 쉽다.

- **머리** : 머리를 한 쪽으로 기울이면 반발, 의심, 지루함, 무성의해 보일 뿐 아니라 시선이 곁눈질처럼 보여 부정적인 이미지가 될 수 있으니 주의한다.

- **눈** : 눈을 맞추는 것은 상대방에게 긍정적인 메시지를 준다. 이때 눈은 눈동자만 돌리지 않도록 하며 지나치게 주변을 두리번거리는 행동은 불안하게 느끼게 하며 시선이 너무 위로 고정되거나 또 아래쪽으로만 향해 있지 않도록 한다. 고개 전체를 돌려서 상대방과 같은 높이의 정면으로 쳐다본다면, 훨씬 부드러운 인상이 전달된다.
  한 사람과 눈을 맞출 때는 적어도 5초 이상은 유지하는 것이 좋으며 관심이 있다는 따뜻한 눈빛으로 전달할 수 있도록 부드럽게 응시하도록 한다. 단 오래 대화를 해야 하는 상황이라면 상대방의 눈만 보지 말고 미간과 눈을 번갈아 바라보며 시선을 처리하는 것이 상대방 입장에서 좋은 이미지로 기억될 수 있다.

- **미소** : 미소는 만국공통어라고 이야기를 할 정도로 좋은 인간관계를 위해서 큰 의미를 상징한다. 자신감과 긍정적인 사고방식이 표정에 나타나기 때문에 이미지 개선을 위해서라도 미소를 짓는 것이 중요하다. 우리의 뇌는 표정과 감정을 통제하는 중추와 연결되어 있어서 억지로 웃어도 실제 웃는 것과 같은 호르몬이 분비된다. 그래서 억지로 웃는 모습이라도 상대방이 바라보는 자신의 모습은 매력적인 얼굴로 보일 수 있기 때문에 억지로 라도 웃는 자세가 필요하다. 또 웃으면 스트레스를 해소할 수 있고 건강에도 증진효과가 있으며 웃는 얼굴에 침 못 뱉는다는 속담처럼 많은 사람들은 웃는 사람을 따르고 좋은 평가를 할 수밖에 없다. 웃음의 효과는 암 병동에서도 치료목적

으로 쓰일 정도로 웃음효과는 알려져 있으며 최근 미국에서는 많이 웃는 사람에게는 심장병 발병률이 적다는 연구 결과도 나왔다. 미소는 이유 없이 상대방에게 호감 있는 사람으로 이끌어낼 수 있는 힘이 있다. 또한 '부드러운 자신감'으로 해석되는 시대상황으로 항상 웃음을 잃지 않는 사람의 곁에는 늘 많은 사람이 모이는 법이다.

첫인상이란 아주 짧은 시간에 상대방에게 각인이 되기 때문에 첫인상이 끝인상이 될 수 있어서 타인에게 보여주는 첫인상이 중요한 것이다. 오늘날같이 빠른 정보와 트랜드 상황이라면 성공적인 사회관계형성을 위해서 첫인상 관리는 성공을 위한 필수 조건이라고 해도 과언이 아닐 것이다.

❶ 심리적인 효과 – 초두효과(Primacy Effect)

첫인상에 영향을 미치는 심리적인 효과에는 여러 가지가 있다. 초두효과란 어떤 사람에 대해 먼저 제시된 정보들이 나중에 받는 정보보다 더 깊은 인상이 남게 되는 것으로 최종 판단에 부당한 영향을 갖는 것으로 먼저 들어온 정보가 나중 들어온 정보보다 전반적인 인상형성에 더욱 강력한 영향을 미치는 효과를 말한다.

❷ 심리적인 효과 – 후광효과(Halo Effect)

한 대상의 두드러진 특성으로 그 대상의 다른 세부적인 특성까지 좋은 평가로 인해 나머지도 긍정적으로 평가하려는 경향성을 말한다.

예) 2014년 프랜치스코 교황이 한국을 방문할 때 의전차량으로 기아의 '쏘울'을 선택해서 탑승한 후 쏘울은 '교황이 탑승한 차'라는 후광효과로 판매량이 상승한 사례

❸ 심리적인 효과 – 부정성의 효과(Negative Effect)

긍정적인 특징보다 부정적 특징이 강하게 작용하는 현상으로 어떤 사람에게 부정적 특성이 있으면 좋은 점을 상쇄시킬 정도로 큰 비중을 차지하여 부정적 인상은 긍정적 인상보다

변화기기 더 어려운 현상이다. 사실 부정적인 정보가 강력하고 우월하게 작용할 수 있기 때문에 대상에 따른 평가가 제대로 이루어지지 않은 것도 문제이지만 부정적 인상이 쉽게 변화하지 않는 것이 더 문제가 되기도 한다.

❹ 심리적인 효과 – 맥락효과(Context Effect)

처음에 들어온 정보가 나중에 들어오는 정보에 대한 근거를 제공하는 것으로 처음 들어온 정보가 나중에 들어오는 정보에 영향을 미쳐 전반적인 맥락을 제공하는 것을 말한다.

내용을 정리하면 다음과 같다.

구분	내용
초두효과	어떤 사람에 대한 인상이 처음에 좋게 인식되면, 그 다음에 부정적인 행동까지도 그의 행동을 합리화시켜 생각
맥락효과	처음에 제시된 정보가 나중에 들어오는 정보들의 처리 지침을 만들고 전반적인 맥락을 제공하는 것
첫인상법칙	첫인상은 만난 지 단 3~7초라는 아주 짧은 시간에 결정되며 그것을 바꾸는 데는 40시간이 소요
후광효과	'저 사람은 잘생겨서 머리도 좋고 능력까지 좋을 것이다'로 미루어 짐작되는 것

놀랍게도 사람들은 상대방의 겉모습만 보는 게 아니라 눈빛이나 표정, 자세, 목소리, 말투 등을 통해서 상당히 정확하게 상대방의 내면을 꿰뚫어 볼 수 있다는 것이다.

따라서 이미지를 성공적으로 관리하려면 마음가짐부터 관리해 나가도록 한다.

2 이미지의 전략적 활용

1) 좋은 이미지전략 사례

외모를 전략적으로 활용하여 성공시킨 미국 정치인 존 F. 케네디 대통령 사례는 익히 들어서 잘 알려져 있다. 인간적인 스타일의 승리라는 말이 있을 정도로 편하고 맵시 있는 스타일로 좋은 인상을 얻어낸 버락 오바마 등이 좋은 사례가 된다. 좀 더 그들에 대해 자세히 살펴보면 다음과 같다.

❶ 오바마 사례

미국 전 대통령 오바마는 외형적인 모습만 보더라도 187cm로 모델 같은 체형을 가지고 있고 편안한 미소와 때로는 강력한 표정이 압권이다. 미소는 자신과 상대 모두를 행복하게 만드는 마술이다. 건강하고 단단한 이미지와 젊음, 또 강력한 리더십을 갖고 있는 이미지를 보여준다. 그는 상황에 따라 간간히 언론에 스포티한 가디건을 입고 서민 같은 이미지를 주고, 특히 남색 정장에 흰 셔츠 그리고 붉은 넥타이를 이용해 문득 성조기의 색상을 인식하게 하여 중요한 자리에서 강인한 의지를 표현하고자 하는 그는 맵시 있는 스타일이라는 찬사를 얻는다.

❷ 존 F. 케네디 사례

미국의 정치가로 대통령을 지낸 존 F. 케네디는 외면적으로 아주 밝고 당당하며 자신만의 특징인 자신감 있는 표정으로 공화당 후보 리처드 닉슨을 전략적으로 누르고 당선된 정치인으로 널리 알려져 있다. 1960년 미국의 대통령 선거 전 당시 세계 최초의 TV토론회에서 함께 출연한 케네디와 함께 영상이 보도되는 순간 두 사람은 아주 상반된 이미지로 노출되었는데 짙은 감청색 수트를 입고 다소 밝은 톤의 목소리로 이야기하는 케네디는 젊고 당당한 이미지로 보이게 하는 반면, 회색 정장을 입고 입을 꾹 다물고 침울하고 어두운 표정의 닉슨은 나이 들고 피곤해 보이는 지친모습으로 보여 그의 모습을 본 국민들은 실망을 금하지 못했고 이어 많은 표를 잃게 되었다. 무엇보다 케네디는 늘 밝은 표정인 미소로 자신의 장점을 살리고 매력적인 부분을 강조하여 국민이 원하는 대통령다운 모습을 잘 찾아 미디어를 잘 활용한 성공적인 이미지 메이킹을 한 대표적인 정치인이라고 말한다.

이렇듯 이미지 한 가지로 한 사람의 정치 인생을 바꾸기도 하고 이미지로 많은 사람들에게 존경을 받기도 한다. 놀랍게도 사람들은 상대방의 겉모습만 보는 게 아니라 시선이나 표정, 자세, 목소리, 말투 등을 통해서 상당히 정확하게 상대방의 내면을 꿰뚫어 볼 수 있다는 것이다. 따라서 이미지를 성공적으로 관리하려면 마음가짐부터 관리해 나가도록 한다. 사람들은 하루 중 대부분의 시간을 타인과 함께 하는 시간, 공간속에 있다. 그러므로 좋은 인간관계 형성을 위해 좋은 느낌을 전달할 수 있는 표정의 연출이 필요하다고 할 수 있다.

밝은 표정과 미소는 동전의 양면과 같은데 밝은 표정의 연출에 있어서 그만큼 미소가 중요한 역할을 하고, 미소 띤 얼굴을 하다 보면 자연스럽게 밝은 표정이 만들어지게 됨으로써 상대방에게 이유 없이 편안함과 호감도를 유발할 수 있게 된다. 표정은 의식적으로 짧은 시간에 만들어지는 것이 아니라 오랜 시간으로 관리를 해야 자연스럽게 만들어진다.

사회에서 좋은 첫인상을 주지 못한다면, 제 아무리 뛰어난 기술과 능력을 갖고 있다 해도

'한번 더'라는 기회는 쉽게 오지 않게 된다. 성공을 꿈꾸는 사람이라면, 조직에는 좋은 성과를 창출할 수 있고 개인적인 관계형성에 있어 좋은 첫인상의 호감형이 되도록 자신을 더욱 관리해야 할 것이다.

Worksheet

1. 내가 생각하는 '나'의 이미지 VS 타인이 생각하는 나의 이미지를 작성해 보자.

2. 이미지 관리 성공사례를 찾아 작성해 보자.

Chapter 03

고객을 내편 만드는 힘

1. 고객을 사로잡는 힘
2. 고객을 사로잡는 경청과 공감의 기술
3. 말보다 강한 Body language

학습목표

1. 관계의 중요성을 이해한다.
2. 고객의 마음을 얻을 수 있는 경청과 공감의 파워를 이해할 수 있다.
3. 말보다 강한 Body language(몸짓언어)의 종류와 메시지를 이해하고 설명할 수 있다.

1 고객을 사로잡는 힘

1) 고객심리의 이해

(1) 사회적 관계의 중요성

모든 사람은 사회 속에서 다른 사람들과 관계를 맺고 생활을 한다. 인간이라는 글자에 들어가는 사람 인(人)이라는 글자는 사람과 사람이 서로 등을 맞대고 있는 것을 형상화한 것이다. 넓은 의미에서 인간관계란 태어나서 죽을 때까지 두 사람 이상의 사람들, 또는 다른 사람들과의 관계 속에서 일어날 수 있는 모든 상호작용을 의미하며, 타인과의 화합을 원만하게 유지하며 더욱 더 좋은 상태를 유지하기 위한 모든 내용을 인간관계라 할 수 있다. 그래서 인간관계는 우리의 삶을 행복을 추구할 수 있는 선물일 수도 있고 때로는 다른 사람과의 갈등으로 불행과 고통의 원천이 되기도 한다. 서양 속담에는 '고양이를 잡으려면 목덜미를 잡고 토끼를 잡으려면 귀를 잡고 사람을 잡으려면 마음을 잡으라.'는 말이 있다.

제 아무리 잘난 사람도 사람의 마음을 얻어야만 성공과 행복을 기대할 수 있는 것처럼 대인관계능력은 바로 사람의 마음을 얻는 능력으로 상통된다.

그러나 안타깝게도 사람의 마음은 돈이나 목숨을 걸고도 얻기 어렵다. 마음은 억지로 움직일 수가 없고 하루에도 오만 가지 생각을 하듯 사람들은 변덕이 심하기 때문이다. 그래서 속담에도 '열 길 물속은 알아도 한 길 사람 속은 모른다.'는 말이 있는 것처럼 마음을 얻을 수 있는 좋은 관계가 형성되면 바로 신뢰감과 계약으로 연결이 될 수 있는 것이다.

여기서 인간관계의 정의를 살펴보고 가자.

일반적이고 통속적인 의미로서의 인간관계라는 말은 글자 그대로 사람과 사람 사이의 관계, 즉 사회 조직 내에서 이뤄지는 모든 형태의 인간의 상호작용관계를 말할 수 있으므로 자기이해와 자기조절 능력이 무엇보다 중요하다고 말할 수 있다. 상호관계에 있어 우호적 인간관계와 적대적 인간관계로 구분될 수 있는데 단어 그대로 우호적인 관계에서는 호감을 갖고 서로 돕고자 하는 마음이 있고 적대적 관계에서는 서로 경쟁상대로 인식하거나 인간적인 매력을 느끼지 못하고 적대시하는 태도를 보이게 된다. 따라서 좋은 인간관계를 잘하기 위해서는 공유적인 관계로 잘 유지하도록 한다.

인간관계라는 용어가 학문적으로 사용된 것은 1930년대 미국의 벨식 전화기 제조회사인 웨스턴 일렉트릭사의 호손 공장에서 이뤄진 이른바 호손실험(Hawthorne Experiment, 1927~1932)에서 채택된 인간관계적 접근 방법(Human relations approach)으로부터 유래되었다.

실험에서 종업원들의 감정적 요인이 생산성 향상에 중대요인이었다는 사실이 밝혀지면서 종업원의 정감적 요인을 중요시하기 시작한 실험이었다. 다른 사람의 행동에 대한 이해나 다른 사람들에게 대한 자신의 표현, 의사소통 원활과 같은 기능이 있지 않나 생각한다. 그 외에도 다른 사람의 설득 가능, 권력의 활용, 집단에서의 함께 일하기, 집단, 모임의 이끌기와 촉진과 같은 기능들이 있다. 이처럼 인간관계는 우리 삶을 이루는 모든 활동이라고 할 수 있다.

아리스토텔레스는 '인간은 천성적으로 사회적 동물이다.'라는 말처럼 인간관계의 중요성을 단적으로 드러내는 표현으로 인간은 인간관계를 맺지 않으면 안 되는 존재임을 강조한 것이다.

사람들은 본인의 의사와 무관하게 타인과 더불어 죽을 때까지 서로 유기적으로 관계성을 맺고 살아간다. 인간의 삶은 끊임없는 타인과의 인간관계의 테두리 속에서 진행되는데 집단이나 조직의 관리 층에 있는 사람들은 50% 이상의 시간을 사람들을 대하는 인간관계 형성에 소비하고 있다.

또한 직장을 상실한 35%가 기술적 지식이 부족했기 때문으로 나타났는데, 이에 비해 65%는 인간관계 형성에 실패했기 때문이라는 연구 보고가 있다. 특히 서비스가 중시되는 사회에서 인간관계 기술 중 경청과 공감의 커뮤니케이션은 매우 중시되고 있다.

고객의 마음을 얻기 위해서는 먼저 사람의 기본욕구와 사고의 특성을 알아야 한다. 세계 각국의 언어가 다르고 생활방식이 다르듯이 남자여자의 관계에서도 특별한 행동과 언어사용이 다르므로 먼저 남녀의 기본욕구와 심리를 알아보도록 하자.

남자는 짧고 간단하고 직선적인 언어를 사용한다. 어떤 상황에서도 장황한 말은 쉽게 피로를 느끼고 스스로도 남자는 늘 직설적이고 간단하게 표현해야 한다고 믿는 경향성이 높다. 또 남자는 익숙함에 길들여져 있다. 안식처를 찾을 때 쉴 수 있으면 된다고 생각하기 때문에 스스로를 꾸미거나 집안을 꾸미고 치장하는 데 큰 관심이 없다. 그래서 남자는 필요한 물품을 돌면서 구매하거나 충동구매를 하지 않으며 여러 마케팅의 홍보나 이익을 계산하지 않고 필요한 것만 적당한 가격에 구매하고자 한다. 필요 없이 자세하고 길게 설명하는 서비스직원을 신뢰하지 않으며 필요로 하지 않는 이유인 것이다.

반면 여성은 기본적으로 가정을 지키고 영위하는 역할을 해왔기 때문에 남자에 비해 아주 섬세하다. 남자가 사냥해온 것들을 준비하고 계획하며 생활을 해야 하는 것 때문에 외부환경의 변화를 빠르게 감지하는 능력을 갖고 있다. 그러다보니 작은 일에 예민하게 반응하고 자세히 알려고 하고 섬세한 모습이 잘못 까칠하게 보일 수 있지만 이 모든 것은 사냥나간 남자와 가족의 안락함을 위해 많은 노력을 하는 모습의 일부인 것이다. 또 여자는 필요 없는 걱정을 사서 한다. 그 이유 또한 앞에서 언급한대로 사냥 떠난 남자 없이 혼자 동굴 속에서 홀로 자식을 키워야 한다. 힘을 쓸 사람이 없다보니 위험상황을 대비해서 이웃

간의 관계를 돈독히 하려는 습성이 있고 상대방에게 만일 사태를 대비해서 부드럽게 대하는 행동이 자연스럽게 학습되어 있다.

이러한 남녀의 기본 차이를 이해하고 관계 관리를 해야 하며 인간과 삶에 대한 이해와 수용을 해야 하는데, 이것은 나와 상대방의 의견이 다를 수 있다. 그러므로 자기중심성에서 벗어나기 위해서는 가장 먼저 해야 할 것은 사람들마다 생각의 틀이 다르다는 것을 인지하는 것이다.

다름을 이해하기 위해서는 우선 내말에 분명한 일리가 있다고 여기는 만큼, 상대방도 그 자신의 말에 일리가 있다고 여기고 있음을 아는 것이 중요한 요소이다. 그리고 상대방 입장이 되어보고 상대방의 눈높이에 맞춰주는 역지사지의 자세가 필요한 것이다.

어느 실험에 의하면 똑같은 양의 이득의 만족도보다는 같은 양의 손실감이 심리적 충격 정도가 3배 정도 더 크다고 한다. 이것을 심리학용어로는 '손실 혐오'라고 하는데 고객을 응대할 때 우리가 서비스를 제공하는 데도 분명히 알고 있어야 하는 부분일 것이다.

그러므로 고객에게 구매를 요청하거나 부탁을 하는 상황이라면 손실프레임을 피하고 이익프레임으로 접근해서 이야기하는 것이 좋다. 더불어 사람의 마음을 녹이고 내편 만드는 말의 힘은 "only one"이 있다. 그 밖으로는 내 이야기를 잘 들어주는 사람을 싫어한다는 말은 들어본 적이 없다.

2

고객을 사로잡는 경청과 공감의 기술

1) 마음을 얻는 다는 것

(1) 경청과 공감의 중요성

고객의 마음을 사로잡는 방법 중의 하나인 경청과 공감에 대해서도 함께 알아보자.

커뮤니케이션의 출발점은 말하기가 아니라 바로 잘 듣는 경청에 있다. 이청득심(以聽得心)이란 말 들어 본 적 있을 것이다. '우리가 다른 사람의 이야기에 관심을 가지고 잘 듣는다면 상대의 마음을 얻을 수 있다.'는 뜻이다. 예부터 말이 너무 많다고 비난하는 일은 있어도 말을 너무 잘 듣는다고 비난하는 사람은 없다, 삼성의 고 이병철 회장이 이건희 회장에게 경영권을 물려주며 내린 휘호만 봐도 경청이 중요성을 다시 한번 상기하게 되는 계기가 된다.

이때 들을 청(聽)의 단어를 잘 분석해 보면 귀를 뜻하는 이(耳), 임금을 의미하는 왕(王), 숫자 10을 의미하는 십(十), 눈을 뜻하는 목(目)자가 가로로 뉘어 있으며, 숫자 1을 의미하는 일(一), 마음을 뜻하는 심(心)으로 구성되어 있다는 것을 알 수 있듯이 고객의 입장으로 해석한다면 고객의 소리를 듣기 위해 귀 기울이는 것처럼 귀를 열어 놓고, 마치 10개의 눈으로 상대방을 바라보듯이 집중하며, 오직 한 마음으로 고객의 이야기를 들어야 한다는 것을 의미한다. 경청을 해야 '무엇인가를 배울 수 있고 공감할 수 있다' 또한 말을 하는 동안에는 배울 수 없다. 무엇인가를 배우기 위해서는 입을 다물고 귀를 열어야 하는 것이다.

(2) 경청

경청을 해야 상대와 가까워질 수 있다. 스티븐 코비 박사는 성공하는 사람의 7가지 습관 중 '경청 후 이해시키라'고 말하는 이유는 남의 말을 들어야 하는 중요한 이유 중 하나는 그래야 다른 사람들도 당신의 말을 듣기 때문이라고 이야기 했다. 성공적인 비즈니스를 잘 할 수 있는 일류 영업사원과 일류사업가들의 공통적인 특징은 남의 말을 잘 듣는다는 것인데, 이는 잘 들어야 상대의 호감을 살 수 있고, 상대의 욕구를 정확히 파악하기 때문이다. 찰스 엘리엇 하버드 대학 총장은 경청의 중요성을 이야기하며 다음과 같은 유명한 말을 남겼다.

"성공적인 비즈니스 상담에 스킬(skill) 따위는 존재하지 않는다. 상대방의 이야기에 주의를 집중하고 공감하며 듣는 것이 매우 중요하다. 세상에 그 어떠한 찬사도 이만한 효과는 없다"고 하였던 것이다.

이 말은 경청을 최고의 사교의 도구이자 상대를 내편 만들 수 있는 최고의 설득의 도구라는 것으로 정리해 볼 수 있다.

이처럼 경청하는 것은 상대방이 이야기할 때 집중해서 들어야 함을 의미하고 집중해서 듣는 다는 것은 상대가 더 빨리 알 것이다. 이야기를 잘 들어주는 사람을 싫어할 사람은 아무도 없다. 공감하고 경청한다는 것은 다른 사람이 가진 패러다임 안에 들어가는 것을 말한다. "경청하고 공감하는 반응을 보인다"는 것은 상대방의 말을 잘 이해하고 관심을 가지고 있음을 보여주는 것이다. 이 원리의 목적은 고객의 감정이 당신에게 중요하다는 것을 보여주는 데 있다. 당신이 이해하고 있음을 고객이 알아줄 거라 짐작하지 말고 이를 표현하도록 한다. 즉, 다른 사람의 관점에서 사물을 바라봄으로써 상대방을 이해하는 것을 의미하는 것으로 공감적 경청이라고 하는 것은 상대방의 말을 그저 귀로 듣는 것뿐 아니라 눈과

가슴으로 듣는 것을 의미한다.

이때 우리는 고객의 감정만이 아니라 이야기하는 의미 그리고 행동까지도 모두 경청해야 한다. 이렇게 할 때 고객에 대해 이해할 수 있으며 원하는 것을 읽을 수 있는 확률이 높게 된다.

경청을 위해서는 입을 다물고 상대방의 말이 다하기까지 침묵하고 끝까지 집중해서 들어주는 인내심과 노력이 있어야 한다. 자기의 느낌을 중요하게 생각하여 자신의 인식의 틀을 판단 기준으로 삼을 때가 많다. 이 또한 의식적으로 보류하고 판단하지 않아야 상대의 메시지를 순수하게 있는 그대로 받아들일 수 있다. 또 중간에 끼어들지 않도록 하며 대화 중간 상대방의 말을 평가하거나 판단하지 않도록 한다.

경청이 어려운 이유를 작성해 보자.

그렇다면 어떻게 하면 고객마음을 내편으로 만들 수 있을지 생각해 보자.

사람의 마음을 움직이는 몇 가지 원칙을 살펴보면 내가 먼저 관심을 기울여야 한다. 관심을 갖지 않으면 상대방도 관심을 갖지 않게 되듯이 관계 첫걸음은 먼저 주목하고 관심을 갖는 것이다. 사람들은 서로 주는 만큼 받기도 한다.

많은 사람들은 의존적 관계이다. 서로가 의존성을 채울 수 있을 때 비로소 관계가 시작되기 때문에 서로의 필요하고 도움 될 수 있는 부분을 잘 찾아준다면 좋은 관계가 형성될 수 있다.

상대방의 이야기를 잘 듣기 위해서는 사실 말하는 것보다 듣는다는 것이 더욱 더 많은 에너지를 필요로 한다. 그래서 필요한 것이 경청의 기법이라고 할 수 있는데, 경청의 첫 단계로는 먼저 귀로 잘 듣는 것이다. 경청이란 상대방이 전달하고자 하는 말의 내용은 물론 그 내면에 깔려 있는 기분, 감정, 의미까지 기울여 듣고 이해한 바를 상대에게 몸을 앞으로 당기는 기를 쓴다는 듣기 태도를 보여주고 적극 개입하며 듣는 능동태로서 최대한 재 피드백해 주는 것이며, 상대방의 인격을 존중하는 마음으로 억양, 표정, 제스처를 살피면서 상대방의 말속에 담겨 있는 마음이나 기분을 진심으로 이해하는 노력이다라고 말 할 수 있다.

경청의 두 번째 단계는 눈으로 듣는 것으로 상대방을 바라보며 잘 듣는다고 생각하는 사람들도 귀로 듣는 것은 한계가 있기 때문에 말의 내용은 7%밖에 들을 수가 없고, 올바른 경청을 하기 위해서는 나머지 93%인 비언어적인 메시지에 주의를 기울여야 한다. 그 중 하나가 눈을 통해 들어오는 정보를 읽는 것이다. 상대방의 감정을 이해하기 위해서 듣는 거라고 이해하면 될 것 같다. 상대방의 표정이 어떠한지, 당황하고 있는지, 또는 기쁜지, 화가 나 있는지 등과 같은 감정 상태를 읽어주는 것이다.

세 번째 경청은 가슴으로 느끼며 듣는 것으로 마음의 소리를 듣는 것이다. 이 단계의 경청은 상대방의 상황과 입장, 느끼는 감정, 그리고 미묘한 심리적인 변화까지도 경청하는 단계이다. 즉 말하는 사람의 표면적인 소리 이면에 있는 생각, 감정, 마음, 그리고 소리의 움직이는 것까지 꿰뚫어 볼 수 있는 수준의 경청이다.

경청의 연습단계

- 1단계 - 내용을 흉내 낸다
- 2단계 - 내용을 구성한다
- 3단계 - 감정을 짐작하라
- 4단계 - 내용을 재구성하고 상대방의 감정을 짐작하라

경청의 수준을 3단계로 귀로하는 경청, 몸으로 하는 경청, 마음으로 하는 경청으로 나눌 수 있는데 이 중에서 제일 중요한 경청은 바로 마음으로 하는 경청이다. 마음으로 하는 경청이라는 말은 상대방의 진심을 이해하고 마음을 비우고 상대를 알려고 노력하는 경청을 의미한다. 이러한 상황 속에 관계형성은 고객이 먼저 알 수 있는 것이다.

고객과의 좋은 관계를 형성하기 위해서는 소통채널이 있어야 한다. 사람과 사람 사이의 채널이 열려야 다음 단계로 진행할 수 있기 때문이다.

경청하는 태도

❶ 귀담아 들어라.
❷ 중간에 말을 끊지 마라.
❸ 섣불리 내 판단으로 내용을 판단하지 마라.
❹ 적극적으로 반응하라.
❺ 말할 수 있는 편안한 분위기를 만들어라.

(3) 공감

진정한 공감은 상대방의 말 속에 묻어 있는 감정을 중심으로 듣고 상대방의 입장에서 생각해보는 것으로 공감대의 형성이 있어야만 제대로 들을 태도를 보이게 되는 것이다. 장자의 말대로라면 우리가 상대방에게 온전히 공감하기 위해서는 자신이 가진 선입견과 판단을 내려놓은 후에야 가능해진다.

우리가 공감적 대화를 중요하게 생각하는 이유는 상대방을 내편으로 만들기 위해서이다. 이제는 직업적으로 변호사나 의사들도 법률적인 부분이나 건강상식을 누구나 갖고 오픈되어 있기 때문에 고객들과 잘 공감하고 잘 들어주고 숨은 욕구까지 읽어 줄 수 있는 변호사나 의사를 찾게 된다. 공감은 유일하게 인간만이 할 수 있으며 공감은 조직의 성과와도 직결된다는 것을 익히 알 수 있다.

누군가와 어떤 대화를 나누더라도 성의 없이 듣는 척하는 행동을 해서는 안 된다. 특히 요즘 현대인들은 핸드폰을 거의 신체 일부로 생각하고 행동하는 사람이 많다. 대화를 중단하고 양해 없이 혼자 핸드폰을 응시하고 만지는 행동도 대화를 방해하는 요소 중 하나이다. 긍정적인 언어와 행동은 관계의 있어 동지를 만들기도 하고 부정적인 언어와 행동은 때로는 큰 적을 만든다고 하듯이 상대 마음을 사는 것은 아첨하는 것이 아니라 칭찬하고 인정하는 것이다.

❶ 상대방을 이해하려는 의도를 가지고 경청하는 것이다.

❷ 상대방의 준거 틀의 내면에 깊숙이 들어가는 것이다.

❸ 다른 사람의 관점으로 사물을 보는 것이 좋다.

❹ 상대방의 감정을 내 방식대로가 아닌 깊이 있게 이해하는 것이다.

❺ 이해한 감정을 함께 나누도록 한다.

사람관계 사이를 방해하는 요소 중 노이즈라는 것이 있다. 노이즈는 물리적 노이즈와 심리적노이즈가 있는데 물리적 노이즈는 커뮤니케이션 장소가 너무 시끄러워서 집중을 할 수 없는 경우에 주로 발생하고 심리적 노이즈는 화자와 청자 사이의 주고받는 대화 중 청자의 생각과 철학이 너무 강해 상대 입장에서의 이해요소 없이 일방적인 monologue로 끝날 때 발생한다. 더불어 대화 중 잘못된 편견과 고정관념으로 의도적으로 필터링을 할 때도 장애가 발행하고 대화가 원활하게 진행되지 못할 때 심리적 노이즈가 생기게 되는 우를 범하게 된다. 이를 피하기 위해 좋은 관계와 원활한 커뮤니케이션을 위해 공감이라는 요소가 필요하며 공감은 먼저 상대방의 감정을 이해하고, 감정을 말로 표현해 주는 것이라고 이해하면 된다. 공감을 잘 하기 위해서는 표정이나 제스처를 잘 읽어낼 수 있어야 하며 상대방의 말 속에 묻어 있는 감정을 중심으로 듣는 것을 의미한다. 상대방이 마음의 문을 열었는지 아직 마음의 준비가 되지 않았는지, 상대를 신뢰하지 않는지 겉도는 형식적인 얘기만 하고 지루해하는지는 아닌지 두루 비언어적인 메시지를 살펴야 한다.

또 공감은 상대 입장에서 상대방의 느낌을 이해, 상대방의 모든 것에 관심을 집중해주는 것이 중요하다. 단지 짐작하여 말로 표현해 주는 것으로 상대방의 말만 듣고 하는 것이 아니라 비언어적인 메시지를 듣고도 공감을 표현할 수 있다. 공감을 한다는 것이 쉬운 일은 아니지만 타인의 입장에서 보는 것이 결코 쉬운 일이 아니지만 반복된 훈련과정을 통해 익숙해질 수 있게 된다.

공감을 방해하는 요소

❶ --

❷ --

❸ --

❹ --

❺ --

UCLA 의대에서는 2학년생을 대상으로 환자들과의 공감대 형성을 위해 직접 입원 환자 체험 프로그램을 운영하고 MK택시 유봉식 회장은 택시회사 경영을 위해 직접 택시를 타본다는 것처럼 무엇이든 본인이 느껴보고 그 상황이 되어야 비로소 공감할 수 있는 것이다.

셋째, 공감은 동정심이 아니다. 동정은 다른 사람의 삶 속에 전혀 개입하지 않고 영향을 주지도 못하면서 걱정만 하는 것을 말한다. 동정은 상황적으로 어려운 사람에게 안됐다거나 불쌍하다는 마음을 갖는 것으로 이러한 동정은 마음만으로는 고객이나 다른 사람과의 신뢰감을 기대할 수 없을 것이다.

대화를 하며 공감받기를 원하는 사람은 우리에게 동정을 구하는 것이 아니기에 앞서 추측하여 행동하지 않도록 한다. 진정한 공감이란 자신을 다른 사람의 처지에 놓고 생각하며 그 사람의 현재 갖는 느낌을 직관적으로 애해하는 능력이기 때문이다.

마지막으로 공감이란 동질감이 아니다. 동정은 상대방과 일정한 거리를 두고 개입하지 않는 반면에, 지나친 동질감은 상대방의 감정에 지나치게 얽혀 버려 둘 다 그 상황에서 헤어

나지 못하게 되므로 자신이 마치 상대방이 된 것처럼 상대방의 기분이나 감정에 과하지 않은 적당한 거리가 필요할 것이다.

고객과 응대하며 대화하는 방식 중 공감을 방해하는 요소들을 살펴보면 먼저 설명을 한다는 이유로 어떤 결과가 이어질지에 대해 방화벽을 치는 경우 고객은 위협적으로 느끼고 불쾌하게 생각할 수 있다. 또 훈계하는 어투로 말을 설교하거나 논리적인 화법을 통해 검증된 데이터를 제시하며 자신의 말만 맞는다는 강한 화법도 피해야 하며, 문제를 해결하는 방법과 대안을 제시하는 부드러운 어투를 사용해야 한다. 마지막으로 모든 사람들은 타인에게 인정받고 존중받고 싶은 심리가 있다. 이를 적절히 활용하여 긍정적으로 평가하거나 상대의견의 동의함으로서 마음을 열게 하도록 한다.

고객을 참여시킨다는 것만으로도 쉽게 마음을 얻을 수 있다. "고객을 참여 시킨다"는 것은 고객과 적절한 정보를 공유하고 고객에게 영향을 미치는 결정과 행동에 고객이 참여하게 하는 것을 의미한다. 고객은 자신에게 벌어지는 일에 대해 발언권을 가지고 싶어 하며, "처리되거나", "취급된다"는 느낌은 원하지 않는다. 상황에 따라 고객 참여유도를 하며 고객과 동반자라는 기대를 충족시켜주는 정도라면 고객은 기업의 충성고객이 될 것이다.

반면에 또 상품교환을 요청하거나 클레임을 요구하는 고객에게 조소와 모욕감을 느끼게 하고 규정을 운운하며 불쾌한 감정으로 몰아가지 않아야 하며, 고객이 느끼는 불쾌감의 강도를 축소시켜 말하고 공감을 표하며 불편한 마음이 누그러질 수 있도록 따뜻한 감정으로 대화한다.

그래서 고객을 내편 만드는 방법에 잼커뮤니케이션(Jamcommunication)으로 경계를 허문 자유로운 의사소통을 잘 활용하도록 해야 한다. 이는 지나치게 사무적이지 않고 편안한 상황을 만들어 자유롭게 대화하는 것이 가장 좋은 응대기법이라 말할 수 있다.

잼커뮤니케이션을 위해서는 주의해야 할 대화법이 있다. 바로 파괴적인 커뮤니케이션을 피해야 한다. 파괴적인 커뮤니케이션은 고객과 대화하며 상대방의 말이 끝나기 전에 중간 끼어들거나 냉혹한 말, 비판적인 판단어법으로 상대방을 찍어 내리는 커뮤니케이션을 이야기한다. 이러한 대화나 고객과의 응대는 더 이상 관계형성이 이뤄질 수 없으며 개인뿐만 아니라 상황 전체를 와해시키기도 한다. 그러므로 고객과의 관계성은 일회성이 아닌 꾸준한 이해관계를 갖고 갈 수 있도록 긍정적인 관계를 유지할 수 있도록 작은 것도 세심하게 살피도록 해야 한다.

3

말보다 강한 Body language

문화와 나라는 달라도 기본적인 보디랭귀지(Body language; 몸짓언어) 신호는 동일하다. 인간의 감정 상태 그대로 드러나는 것이 바로 보디랭귀지인 것이다. 각각의 몸짓 행동이 그 사람이 가지고 있는 감정을 파악하는 데 중요한 열쇠가 되기도 한다. 커뮤니케이션의 대부분이 비언어적인 표현을 통해 이루어지며 사람은 수천 개의 신호로 메시지를 보낼 수 있다고 한다. 몸짓언어는 비언어적인 메시지로 손발, 눈짓을 포함하여 꼭 말을 하지 않더라도 몸짓의 언어로 많은 대화를 하게 된다. 보디랭귀지가 미국 최고법원 판결의 근거가 되면서 몸짓언어의 중요성이 알려졌고 이 몸짓언어를 제대로 관찰하면 범죄행동의 전조증상을 파악할 수 있다는 것이다.

고객의 마음을 얻고 관계를 돈독히 할 수 있는 방법은 논리보다는 감정이며 표현하고자 하는 메시지를 이해시키고 강력한 메시지 수단이 될 수 있다.

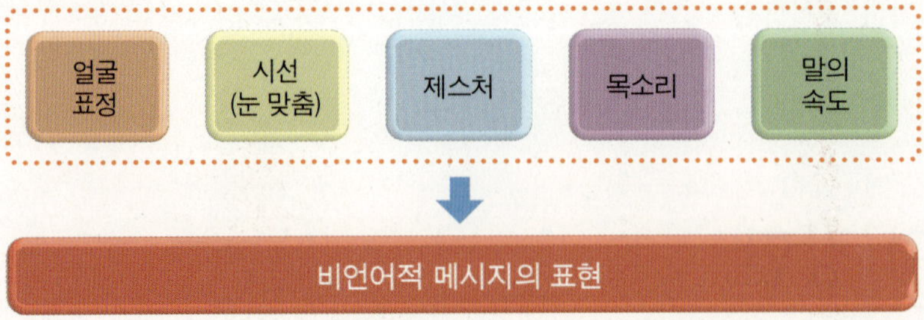

1) 얼굴표정

사랑과 인정을 받고 싶어 하는 욕구는 누구에게나 공통된다. 매슬로우 욕구 체계만 보더라도 알 수 있는 사실이다. 여기에서 알 수 있듯이 마음의 문을 열게 하는 것이 우선시되어야 할 것이다. 고객의 마음이 닫혀 있을 때는 그 어떤 욕구도 채워지지 않기 때문이다. 그렇게 시작되는 고객과의 대화는 잘못된 시작으로 충분히 전달하고자 하는 메시지를 전달할 수 없게 되고 결과는 단절된 커뮤니케이션을 가져온다. 그러므로 고객과의 대화의 시작은 그 고객의 얼굴표정을 살펴 현재 기분 상태를 점검하며 가벼운 대화로 시작해야 하고 자연스러운 관심스킨십을 보이며 먼저 말을 하기 보다는 고객의 표정과 감정을 살피며 대화하면 고객은 큰 호감을 갖게 된다.

얼굴표정에 대한 세계적 권위자인 폴 에크먼 박사는 "만약 사람이 어떤 감정을 나타내는 얼굴 표정을 짓기만 해도 실제로 그에 상응하는 감정을 느낄 수 있다."고 말한다. 얼굴에서 눈빛만큼 중요한 것은 없다. 사람은 행복과 즐거움을 느끼면 그 신호가 뇌에서 감정을 통제하는 부분으로 전달되어 입 주위 근육으로 움직이면서 뺨으로 올라가고 눈이 작아지며 눈가에 주름이 생긴다. 얼굴을 찡그리고 있던 사람이 의식적으로 얼굴 근육을 펴고 미소를 지으면 마음도 밝아지면서 긍정적이고 행복한 쪽으로 생각이 변화되는 것처럼 내부에서 결정되는 감정이 얼굴표정으로 외부로 표출된다.

에크먼 박사는 거짓된 웃음과 진실된 웃음은 얼굴표정으로 구분이 가능하다는 재미있는 결과를 발표했다. 거짓된 미소를 지으면 광대뼈와 입술 가장자리 사이를 오가는 협골근만 움직이지만 진정으로 우러난 웃음을 짓는다면 입 주위 근육과 외측부 근육이 작용해 눈썹과 눈썹, 눈꺼실제 실험에서 엄마 자궁 속에 있는 태아도 외부의 시끄러운 소리를 접하면 스스로 눈을 감는다고 하듯이 이런 동작은 부정의 감정을 드러내는 경우가 많다.

또 우리가 미소를 짓고 있지만 미소에도 진짜 웃음과 가짜 웃음이 있다. 실제 한 TV프로그램인 '스펀지'에서도 이와 같은 실험을 진행한 적이 있다. 진짜 웃음은 눈을 주름지게 만들고 입 양쪽 가장자리를 눈 쪽으로 끌어올리는 미소가 진짜웃음이다.

반면 가짜 웃음은 입가는 귀 쪽을 향해 움직이지만 눈은 거의 변화가 없다. 풀 사이 피부가 약간 아래로 처진다는 것이다. 눈을 내리뜨고 이마를 주름지게 하면서 얼굴을 찌뿌리는 것은 지금 감정적으로 매우 불편함을 표현하는 것이며 손으로 머리를 받치거나 입술근처, 이마를 매만지는 행동은 지금 본 것이나 들은 것에 대한 의심이나 하고 싶은 말이 있으며, 동조하지 않는다는 행동이다.

2) 눈 맞춤

보디랭귀지의 기본은 눈 맞춤(eye contact)으로 상대의 눈을 보지 않는 것은 무성의해 보이고 무언가 숨기고 있는 듯한 인상을 주므로 눈을 맞추고 주시하여 집중하고 있음을 보여주는 것이 좋다. 몸으로 말을 하기 때문에 청중의 시선을 잡아 둘 수 있고 더욱 집중할 수 있게 된다. 보디랭귀지를 할 때 시선과 표정 또한 굉장히 중요한 이유는 우리에게 신뢰를 주는 도구이기 때문이다.

3) 코, 입, 턱, 목

콧날을 손으로 만지며 눈을 지그시 감는다는 것은 마음의 갈등을 전달하는 행동이다. 이야기 도중 코를 만지작거리면 상대에 호감을 느끼지 못했다는 뜻이며, 상대방에게 콧구멍이 보일 정도로 코를 치켜들면 상대에게 무관심하며 상대방을 가볍게 여긴다는 증거가 된다.

반면에 이야기를 하는 동안 입술 양끝을 약간 귀 뒤로 당기면 상대 이야기를 경청하고 있다는 뜻이다. 손을 입에 대고 묵묵히 듣고 있는 것은 더 이상 상대방과 대화하고 싶지 않다는 몸짓언어이다.

대화 중 턱을 만지작거리는 것은 불안한 마음의 표출이며 의사결정 과정을 진행 중 이라는 신호로 읽을 수 있다.

목덜미를 만지는 것은 대부분 화가 나거나 위협을 느낄대 가라앉히기 위해 손으로 문지르는 경우가 있다. 기계적으로 고개를 끄덕거리는 행동은 상대의 의견에 동조하는 것처럼 보이지만 사실은 부정적인 뜻이 더 많다.

대화를 하며 상체를 뒤로 젖힌 채 이야기를 듣고만 있다면 상대방의 말에 집중하지 않고 뭔가를 지적하고 싶을 때 하는 행동의 의미이다.

4) 제스처(팔)

눈을 내리뜨고 이마를 주름지게 하면서 얼굴을 찌뿌리는 것은 지금 감정적으로 매우 불편함을 표현하는 것이다. 쉽게 눈에 띄지는 않지만 강력한 힘을 지닌 손동작은 방향을 가리키거나 지시할 때 또는 악수할 때의 손동작을 많이 활용한다. 손으로 머리를 받치거나 이마를 매만지는 행동은 지금 본 것이나 들은 것에 대한 의심이나 동조하지 않는다는 행동이다.

또 악수하는 방법에 따라 인상이 다르게 보인다. 악수를 할 때 강하게 손을 잡는 것은 상대보다 힘이 있고 과시하고 싶은 보상 심리로 해석되고 반면에 너무 느슨한 악수는 자신 없고 성격이 나약하다는 인상을 줄 수 있고 수동적인 느낌으로 인사를 나누는 것처럼 관심이 없는 것으로 보여질 수 있다. 그렇기 때문에 적당한 힘을 주어 악수를 하되 상대와 비슷한 압력으로 손을 쥐어야 한다. 또 머리를 뒤로 손에 깍지를 낀 채로 돌리는 자세는 우월함의 표시로서 보통 회의나 편안한 자리에서 직급이 높은 사람이 자주 취하는 자세이다. 커뮤니케이션의 있어 상대를 대하는 자세도 중요한 요소이다.

길을 걸으면서 팔을 등 뒤로 돌려 두르며 걷는 사람들이 있다. 대부분의 직업군으로는 변호사, 검사, 연구원, 최고위 공무원, 대학교수, 의사 등 생각이 많고 권위주의가 의식화 되어있는 경우 이렇게 걷는 사람들이 많이 있다. 이는 나한테 "손대지 마시오"라며 소통을 차단하려는 신호로서 이 몸짓언어는 보통 높은 신분을 갖고 있는 사람들이 무의식적으로 드러내는 경우가 많이 있다.

또 항상 습관적으로 팔짱을 끼고 의자에 등을 기대 몸을 뒤로 젖히는 버릇이 있는 경우는 방어의 의미를 갖고 있기 때문에 팔짱을 끼는 습관이 있다면 상대가 나에게 그만큼 다가오기 힘들게 된다. 고객이나 누군가와 대화를 할 때는 의식적으로 메모지와 펜을 들고 있다든지, 손을 탁자 위에 포개 올려놓는 등의 방법으로 팔짱을 끼는 습관을 버리도록 노력하는 것이 좋다. 또 팔짱을 끼는 것은 싫어하는 사람이나 사물에 대한 방어막을 쌓으려는 의도가 많다. 특히 가슴앞으로 끼는 것은 세계 어디서나 방어와 부정적인 의미로 해석된다.

대화를 할 때 좀 더 주의해야 할 손동작이 있다면 방향, 물건을 지시할 때는 항상 손가락을 모두 모아 손바닥 전체로 사물이나 장소 위치를 가리키는 것이 정중한 표시가 된다. 주먹을 쥐고 손가락 하나를 이용하거나 손가락질을 하는 행동은 상대방에게 불쾌감을 유발할 수 있다. 또한, 이는 전 세계적으로 부정적인 의미를 해석되므로 손가락질은 하지 않도록 주의해야 한다.

이렇듯 보디랭귀지에 유의하면 말을 듣는 청자와 말을 하는 화자 입장, 모두 다 유용하다.

5) 제스처(다리)

고객이 직접 말을 하지 않아도 행동 메시지를 통해 서비스를 전달받고 상황을 판단하게 된다. 아무리 입으로 '친절히 모시겠습니다.'라고 하더라도 그 직원이 손을 자신의 엉덩이에 놓고 두 다리를 벌린 상태로 손님을 내려다보는 태도를 취하고 있다면 이러한 태도만으로 '고객을 무시하고 존중하지 못한다'고 말하는 것과 같다.

커뮤니케이션의 93%는 말의 내용이 아니라 비언어적인 형태, 즉 보디랭귀지를 통해 전달된다고 앞에서도 설명했듯이 신체 언어는 보여주고 싶은 감정뿐 아니라, 감추고 싶은 부분까지 숨김없이 나타내어 커뮤니케이션에서 중요한 역할을 맡고 있다.

말과 행동이 일치하면 말을 강조하는 표현이 되지만 말과 행동이 일치하지 않을 때는 행동이 표현하는 것을 신뢰하게 된다. 상대방과 대화하는 도중 자꾸 반복적으로 몸이나 다리가 출입문 쪽으로 향하고 있다면 상대방은 지금 장소에서 일어나고 싶거나 대화를 중단하고 싶다는 신호로 읽을 수 있다.

걸음걸이를 통해 그 사람의 성격과 정신이 표현되어 나온다는 말처럼 기쁠 때 걷는 걸음걸이와 힘들고 좌절될 때의 걸음걸이, 사랑하는 사람을 만나러 갈 때의 걸음걸이와 끌려가는 죄수의 걸음걸이가 모두 다른 것을 보면 알 수 있다. 가슴을 쭉 내밀고 턱을 당당히 든 채 걷는 사람에게서는 약간의 거만함이 느껴지고 고개를 떨구고 발을 끄는 걸음걸이는 자신감이 없어 보이고 의욕 없이 보인다.

보디랭귀지를 하는 것이 효과적인 이유를 정리해보자면, 적절한 제스처는 의도를 정확하게 전달할 수 있고 제스처로 인한 강한 인상을 남길 수 있다는 점이다. 그래서 말과 제스처의 타이밍이 중요하고 팔 전체를 사용하되 너무 큰 동작은 잦은 손놀림은 청중의 반감의 살 수 있고 내용에 따라 다양한 변화를 주는 제스처를 사용하는 것이 좋고 중요한 부분은 포인트를 주거나 감정을 전달하기 필요한 제스처를 적절하게 활용하는 것이 좋다.

삼가야 할 동작

1. 내용과 일치하지 않는 산만한 동작은 청중의 집중을 방해한다.
2. 이유 없이 창 밖을 응시하며 청중시선과 상관없는 곳에 시선을 두지 않는다.
3. 양손을 교탁 위에 올리거나 의지하는 것도 보기 좋지 않다.
4. 이야기를 하며 자꾸 시계 보는 것은 듣는 사람에게 불안감을 주거나 급한 모습을 보이는 걸로 오해받을 수 있다.
5. 한 발을 구부리거나 한쪽 발을 떠는 행위를 하지 않도록 한다.
6. 이야기를 하며 손을 바지 호주머니에 넣지 않도록 한다.
7. 팔짱을 끼거나 레이저포인트를 계속 돌리는 행동을 하지 않도록 한다.
8. 이야기를 하면서 흥분하여 교탁을 내리 치거나 들고 있는 물건으로 격앙된 행동을 보이지 않아야 한다.

쉬어가기

Q1. 대화를 하면서 상대방의 진실 된 마음이 느껴졌던 적은 언제인가?

Q2. 마음이 뜻대로 잘 전달되지 않아 오해를 받은 적은 어떤 상황인가?

Worksheet

1. 맥락적 경청으로 상대방을 내편으로 만드는 비결을 작성해 보자.

2. 대화를 할 때 공감을 방해하는 이유가 무엇인가?

memo

Chapter 04

고객과 함께하는 "日新又日新"

1. 고객이 기대하는 호텔서비스

2. 부드러운 전사적 항공서비스

학습목표

1. 호텔의 각 부서별 업무와 서비스에 대해 이해한다.
2. 항공서비스에 대한 전체 과정을 이해하고 갖추어야 할 서비스 자세에 대해 이해한다.
3. 서비스 직원이 갖추어야 할 서비스매너에 대해 이해한다.

1

고객이 기대하는 호텔서비스

호텔이란 객실과 식사를 제공할 수 있는 시설을 갖추고 일정한 지불 능력이 있는 고객에게 예의바르며 친절한 직원들이 조직적으로 서비스를 제공하여 그에 합당한 대가를 받는 기업이다. 호텔의 기능은 점차 확대되어 숙박과 식음료 제공 이외에 스포츠, 레져, 레크리에션, 회의장, 전시장, 결혼식장, 연회장과 쇼핑센터까지 시설을 갖추고 있으므로 각각의 고객의 욕구를 충족시키기 위하여 다양한 서비스 제공시설 및 시스템을 구축하여 고객맞춤 서비스를 제공하고 있다.

그러므로 사회의 한 기능을 갖은 호텔서비스는 사회의 변화에 따른 고객의 다양한 욕구 충족을 위하여 다양한 형태의 서비스를 제공하는 노력하고 있다. 호텔리어의 업무는 다양하며 기업특성상 가시적 성격을 갖고 있으므로 호텔리어가 갖추어야 할 가장 근본적인 소양은 고객의 세심한 부분까지 관찰하고 그에 맞는 배려를 바탕으로 서비스를 제공하는 것이다. 호텔의 각 부서들의 업무와 서비스 내용에 대해 이해하고 올바른 호텔서비스에 대해 알아보고자 한다.

1) 호텔의 고객접점의 부서와 직무

(1) 객실부

❶ Door Desk(도어데스크)

호텔정문에서 고객의 처음 도착과 호텔을 떠날 때 정중히 호텔을 대표해서 예의를 표시하는 서비스

- 출입하는 고객 영접과 차량관리 및 영업용 택시 호출
- 주차대행 서비스(Valet Service)
- 호텔입구에서 승하차 시 수하물 운반 및 프론트 데스크 안내를 위한 벨 데스크 직원과 협업
- 호텔을 대표하여 정중한 고객 환송

❷ Bell Desk(벨 데스크)

호텔로비에서 고객영접 및 안내서비스

- 프론트 안내 및 체크인 & 아웃 시 고객의 짐을 거들어 주는 업무
- 프론트 데스크와의 부수적 협업 업무

❸ Concierge(컨시어지)

호텔 방문 모든 고객의 각종 문의사항과 요청사항에 응대 및 해결

- 관광지, 교통, 쇼핑 등의 정보 수집 후 안내 및 교통편 및 공연 티켓 예약·확인 및 수속업무 대행.

❹ Front Desk(프론트 데스크)

호텔상품을 판매하는 곳, 호텔 객실의 예약·처리 및 등록, 요금정산 및 고객 환송 등을 관리를 하며 고객과 호텔 간의 관계를 밀접하게 연결하는 호텔의 중추적 서비스 제공

- 호텔 내부 안내 : 호텔 내부 모든 정보 숙지와 안내. 외부로 고객의 객실번호와 투숙객명을 절대로 안내하지 않음
- 호텔 외부 안내 : 주변 관광지, 교통, 문화시설 이용, 관공서, 종교시설 및 오락시설 안내
- 고객의 문의 전화 또는 요청 및 응대와 해결 : 각 부서와 협조하여 처리
- 업무에 대한 인수 인계 철저 : 당일 지시내용, 전달사항 및 특이사항
- 전 일의 업무 진행 상황 및 결과에 대한 숙지
- 당일에 대한 객실판매 현황 파악 및 숙지, 객실 판매 예측사항 파악
- 각종 안내 및 정보 제공, 고객 불평·불만(complain) 접수 및 해결 : 관련 각 부서와 협업으로 진행
- 객실경영관리 : 예약 상황 및 매출 파악, 예약고객에 대한 특이사항 숙지 및 준비, 전체 객실에 대한 전반적인 특성 파악, 객실 배정, 호텔에 대한 전반적인 모든 정보 숙지
- 체크인 & 체크아웃 : 호텔객실 전산시스템 숙지 필요 및 숙박등록
- 캐셔업무(Cashier) 업무 : 체크인 또는 체크아웃 시 객실료 정산

❺ Reservation Dept(예약부서)

사전에 객실사용을 판매하는 업무 : 이용시기, 기간, 이용형태, 규모, 예산 등 수시 발생 주의

- 호텔상품에 대한 정보숙지
- 호텔의 영업시설에 대한 전반적 지식
- 객실요금 조정
- 객실을 숙박 이외의 목적으로 사용하는 경우에 대한 사전 인지

❻ House Keeping(하우스 키핑)

호텔상품을 생산하는 곳, 객실영업부서가 객실을 판매할 수 있도록 객실을 정비하고 유지관리 담당

- 객실청소 및 관리와 더불어 레스토랑, 회의실, 복도, 현관, 화장실, 라운지, 주방 등의 공유지역(Public Area) 관리
- 객실내의 부동자산(가구, 침대 등 기타)과 비품의 선택과 관리
- 각 업장에서 사용하는 모든 린넨류의 세탁과 보급

(2) 식음료부서(Food & Beverage Dept)

음식(Food)과 음료(Beverage)를 합한 합성어로서 식음료상품으로 호텔을 방문한 고객의 식욕을 충족시켜주는 호텔의 핵심 상품을 판매 하는 부서

식음료부서 조직도

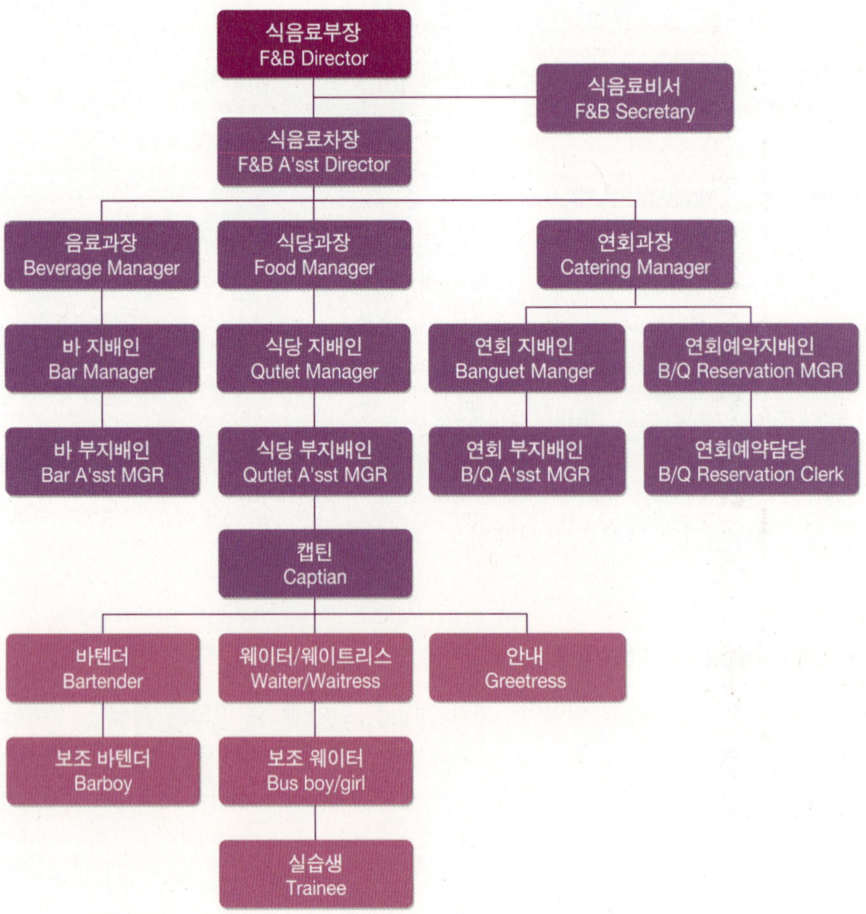

❶ 레스토랑(Restaurant)

본질적인 식음료 상품을 판매하는 장소인 의미와 더불어 서비스, 분위기, 음식의 맛 등을 전체적으로 조화롭게 만든 토탈 상품을 판매하는 곳

가. 서양레스토랑

- 프랑스레스토랑(French Restaurant) : 최고의 품위, 화려함으로 인식되는 전통적인 서비스형식의 최고급레스토랑
- 이태리식레스토랑(Italian Restaurant) : 호텔 대부분 운영하고 있으며 외식사업에서도 큰 부분을 차지하는 분야
- 미국식레스토랑(American Restaurant) : 비프스테이크(Beef Stake), 햄버거(Hamburger), 핫도그(Hot dog) 등 간단한 메뉴와 경제적인 재료, 영양위주의 실질적 식생활 메뉴

나. 중국식레스토랑(Chinese Restaurant) : 중국의 대표 요리는 지역에 따른 구분으로 북경, 남경, 광동, 사천요리가 유명

다. 일본식레스토랑(Japanese Restaurant) : 일본의 지리적 위치로 인한 해산물을 주로 요리

라. 한국식레스토랑(Korean Restaurant) : 우리나라를 대표하는 전통요리 중 궁중요리 제공

마. 뷔페(Bueffet)

바. 로비라운지(Lobby Lounge) : 호텔 로비의 커피숍

❷ 주장(Bar)

가. 바(Bar)

- 각종 음료를 제공하면서 조명의 밝기가 낮아 아늑하게 조성된 공간의 시설적인 면과 분위기, 엔터테인먼트의 요소를 갖춘 공간
- 종류 : Main Bar, Sky Lounge, Cocktail Bar, Membership Bar, Night Club & Discotheque

❸ 연회부

연회는 일반레스토랑과 정해진 장소에서 일정한 테이블과 의자에서 정해진 음식을 먹는 것이 아니라 고객이 정한 장소(Banquet Room)에서 고객의 요구, 행사의 성격, 인원, 행사 진행 방법에 따라서 다양한 행사를 수행하는 것이다.

- 식음료를 판매하는 연회 : 각종 파티 진행
- 연회장을 대여해 주고 대여료를 받는 행사 : 국제회의(Convention), 전시회(Exhibition)
- 호텔의 전체적 매출에 큰 기여 : 국제회의 진행 시 많은 객실과 식음료 모두 동시 판매 가능
- 불규칙한 행사 진행 및 매출 유지 : 전체 서비스 담당 직원의 보유 어려움에 영향

❹ 호텔레스토랑의 서비스

가. 레스토랑 예약업무

- 행사날짜, 시간, 인원, 메뉴, 가격 등 확인
- 좌석배정에 따른 레스토랑 분위기 좌우

고객의 특성	적절한 좌석 배치
노약자 또는 신체가 부자연스러운 고객	출입이 쉬운 레스토랑 입구
외국인 또는 화려한 의상의 주목을 받을 수 있는 고객	레스토랑 홀 중앙에 배치
젊은 남녀 또는 개인고객	전망이 좋은 창가 쪽 배치
연예인 또는 저명인사, 다른 고객에게 불쾌감을 줄 가능성이 있는 고객	다른 고객들의 시선이 집중 되지 않는 위치에 배치

나. 고객영접 및 안내 업무

- 지배인과 안내 담당자는 항상 단정한 용모와 복장과 자세로 입구에 대기
- 정중하며 친절하고 환한 미소를 보내며 신속한 고객 영접 : 국적 불분명 시 한국어 사용
- 업장에서 일어나는 모든 업무 파악
- 고객 불편하지 않도록 계속적 전체 살핌

다. 착석 서비스 업무

- 예약장부와 좌석배치도에 따른 예약상황 확인
- 고객의 테이블까지 안내 시 고객보다 2~3보 앞서 안내
- 예약된 고객 : 지정된 좌석에 따른 안내
- 예약되지 않은 고객 : 적당한 좌석 안내
- 고객 착석 시 안전하게 의자를 빼줌

라. 보관 서비스 업무

- 클로크 룸(Cloak Room)에 옷 또는 가방 보관해 주는 서비스
- 겨울의 두꺼운 외투 또는 고가의 옷을 입은 고객에게 보관 제의 : 손상 대비 및 업장의 미관 고려
- 보관 요청 시 보관품을 확인 → 보관표(Tag)을 고객에게 드림 → 보관장소에 보관
- 업장과 고객의 상황에 맞도록 식사가 끝나면 고객에게 가져다 드리거나 환송하면서 준비해서 드림

마. 식음료 주문서비스 업무(웨이터 & 웨이트리스 업무)

- 고객 착석 후 고객에게 환영인사 및 메뉴판 제공
- 메뉴판은 고객의 우측에서 각각 1매씩 제공

- 메뉴 설명 시 전문용어 사용을 삼가며 모든 상품의 레시피(Recipe)에 대한 숙지로 인한 즉각적인 설명과 질문에 대한 대답
- 메뉴판 전달 후 고객의 메뉴 결정 시까지 먼거리에서 기다리거나 일정시간 이후 주문의향 확인 : 주문을 받을 때는 고객의 왼쪽에서 주문 받음
- 항상 메모지와 필기도구를 지니며 고객 주문 시 즉각적으로 내용을 받아 적음
- 통일된 약자(Abbreviation)로 주문서(Order Slip)에 정확히 기재 : 주문 메뉴를 복창

주문 받을 때 올바른 자세

고객의 왼쪽에서 공손한 자세 유지	양발	양팔	양손	허리	얼굴
	모으고	겨드랑이에 자연스레 붙이고	주문서와 볼펜을 쥐고 가슴 앞	15°	고객의 얼굴을 바라보며

- 주문 받는 순서 : 시계방향으로, 여자, 남자, Hostess, Host 순서
- 요리가 나오기까지의 예상시간 알려줌
- 요리 주문 후 음료 리스트 제공, 주문한 음식과 조화로운 음료 및 주류 추천 : 직원은 식음료 상품에 대한 충분한 지식, 정중한 언행과 자세와 예의 바르고 세련된 판매기법 및 고객을 위한 마인드를 갖추어야 함
- 요리는 고객의 오른쪽에서 제공
- 고객의 식사 동안 필요한 부분 또는 불편한 점이 없는지 세심한 관찰

바. 환송서비스 업무

- 고객에 대한 마지막 서비스로서 예약부터 식사 후 업장을 나갈 때까지 제공된 서비스에 대한 평가와 불만 접수

- 불평(Complain)를 받았을 경우 : 즉각적인 사과와 함께 해결책 또는 대안 제시
- 지배인 또는 안내 담당자는 업장의 출구 또는 엘리베이터까지 배웅
  : 배웅 시 가벼운 대화, 정중한 태도로 인사 후 재방문에 대한 희망 메시지를 전달

사. 전화응대업무

- 벨이 울리면 3번 이내에 전화 받음
- 전화를 받을 때, 인사(아침, 점심, 저녁 구분), 레스토랑명, 직책, 성명 소개 후 고객의 용건을 들음
- 항상 필기구를 지니고 있으며 메모지에 즉각적 필기
- 고객의 용건에 대한 부분을 반복 복창
- 이해하기 어려운 부분은 공손히 재확인 후 최종 용건에 대한 부분을 반복적 확인
- 음성의 고저, 크기, 속도 발음에 유의하며 표준말씨, 경어, 올바른 화법으로 응대
- 전화를 끊을 때 상대방이 수화기를 놓는 신화를 확인 후 조용히 수화기를 내려 놓아야 함
- 시간 걸리는 질문 또는 요청을 받았을 경우 상대방에게 사내의 대화 내용이 유출되지 않도록 전화기의 잠시대기(Holding) 버튼을 이용
- 다른 곳으로 전화를 돌릴 경우 끊어질 때를 대비하여 직통번화를 안내

2) 올바른 호텔 서비스를 위한 직원이 갖춰야 할 요건

(1) 호텔서비스 직원의 요건

❶ 배려심, 협동성, 성실성

배려심은 모든 서비스 직원이 갖추어야 할 요건들 중 가장 총체적이며 가장 밑바탕이 되는 요건 중의 하나이다. 고객의 요청에 대한 해결은 부서 내의 직원 간의 협업과 더불어 타

부서와의 협업으로 이루어진다. 각각의 순차적 협업의 과정을 통하여 최종 결과가 고객에게 전달된다. 그런데 이 과정들 중 한 부분이라도 소홀히 진행된다면 이는 바로 고객의 불만족 및 고객 불평·불만(Complain)으로 전이될 수 있다.

고객의 요청을 해결하기 위한 과정들을 잘 살펴보면 해결의 가장 주 포인트는 직원이 고객을 위한 배려심과 다른 직원들에 대한 배려심이 바탕이 되어 있음을 알 수 있다. 이는 곧 직원 간의 협동성의 상승효과와 해결하기 위한 노력의 성실성을 이끌어 내는 근원이 되며 고객의 만족도 및 서비스 품질을 한층 더 향상시키고 직원들의 서비스 전문성 발전에 중요한 요인이 된다.

❷ 환대성

호텔리어의 내면적인 요소는 선천적인 것이 아니라 후천적인 것으로서 경험들을 통하여 스스로 배우고 만들어지는 것이다. 호텔은 관광산업인 환대산업의 한 부분이므로 가장 근본적으로 갖추어야 할 요건 중의 하나는 환대성, 즉 방문한 고객을 맞이할 때의 자세는 정중하고 반가운 태도로서 고객을 맞이하고 기분 좋은 마음으로 고객을 대해야 한다.

(2) 호텔리어로서 지켜야 할 기본자세

❶ 호텔은 교대 근무이므로 근무시간 엄수

❷ 업무의 인수인계 철저히 진행 : 교대근무의 특성상 나타나는 현상이며 업무의 진행과 마무리가 타 부서와 같이 진행되는 경우로 인하여 요구되는 중요한 기본 수칙

❸ 국외 고객과의 소통을 위한 외국어 구사능력 배양

❹ 청결함과 단정하며 예의바른 태도와 매너

❺ 철저한 위생관리 체득화

❻ 철저한 자기관리 : 고객과의 접점에서 근무를 함으로써 내적·외적 관리의 필요성 큼

(3) 호텔의 서비스 직원이 지켜야 할 일과 주의해야 할 일

서비스 직원이 지켜야 할 수칙	서비스 직원이 주의해야 할 수칙
고객은 언제나 옳다는 자세를 갖으려 노력	고객을 기만하지 말아야 함
고객과의 친근감을 위한 고객의 호칭과 이름을 기억하고 반드시 사용하고자 노력	
항상 밝게 웃는 표정	고객이 차별을 느끼게 하지 말아야 함
고객을 늘 세심하게 관찰	
고객의 의견을 경청	고객과의 논쟁은 절대적으로 피함
고객의 요청 사항을 정확하게 이해하도록 노력	한 손가락으로 위치나 방향 제시 절대 사용 금함(다섯 손가락, 즉 한 손을 모두 사용)
고객의 요청 또는 문의 사항에 대한 응대 시 모든 채널을 동원하여 처리	부정적인 단답형 언어구사 금지 "없습니다." → "확인해 보겠습니다." "모릅니다." → "알아보고 말씀드리겠습니다." "안됩니다." → "죄송하지만 어렵습니다."
고객이 떠날 때 반드시 배웅	

쉬어가기

신속한 고객 응대에 대한 중요성 강조
1 : 100 : 10,000의 법칙

불평 · 불만 발생 시 바로 해결할 때 드는 비용이 1달러,
신속하게 처리하려고 할 때 드는 비용은 100달러,
방치하고 그대로 두었을 때 (외부 컨설팅업체의 의뢰 등) 드는 비용이 10,000달러로 상승한다는 법칙이 있다.

사례1

고객지향성 서비스매너 갖기

1. 그룹별 또는 개인별 경험과 생각 나누기
 1) 자신이 고객으로서 불쾌감을 느꼈던 사례는 어떤 것이 있었는가?
 2) 그 사례 속에서 내가 직원에게 기대했던 점은 무엇이었는가?
 3) 서비스 직원의 서비스 자세와 태도 및 처리에 대한 만족감 또는 아쉬움은 어떠하였는가?

2. 고객을 위한 불평 · 불만 처리에 대한 올바른 응대방법 6단계
 1단계 : 정중한 사과 및 주의 깊은 경청과 공감표현
 (내가 처리할 수 있는 사안인지 파악하기)
 2단계 : 불평 · 불만의 내용을 정확하게 파악하고 중요한 부분은 기록하며 이해 부족 시 질문
 3단계 : 고객에게 불평 · 불만을 이해하였음에 대한 표현
 (고객의 자존심을 충족)
 4단계 : 해결방안 모색 및 제안 또는 대안 제시
 5단계 : 처리 결과 확인 및 검토
 6단계 : 컴플레인에 대한 재사과와 거듭 감사표현
 (고객에게 자신의 이름과 소속을 알려줌으로써 신뢰감 높임)

사례2

호텔에서의 불평 · 불만 상황에 대해 파악하고 대처방안과 과정에 대해 이야기 나눠 보자.

객실부서

고객이 객실에 들어가 보니 고객이 원했던 예약했던 룸타입(Room Type), 일반 Twin Bed Room이 아니라 일반 Double Bed Room이었던 것이다. 상황을 확인해 보니 호텔 측의 실수로 객실 배정이 잘못되어 있어 고객이 불평 · 불만을 하고 있는 중이다. 그런데 이 날짜에는 객실예약이 만실(Full Booking)이어서 객실 변경(Room Change)도 어려운 상황이다.

Q 이런 상황에서 담당직원은 어떻게 해결할 것인가?

식음부서

호텔에서 식사를 하고 간 후, 설사와 피부에 두드러기가 났다며 식중독임을 호소하는 고객의 연락을 받았다.

Q 이런 상황에서 담당 직원은 어떻게 대처해야 할 것인가?

연회부서

연회예약 담당직원의 예약 상황에 대한 파악을 잘못하여 연회 장소에서 국제컨퍼런스가 진행예정이며 국내외 참석자 200명 정도가 호텔에 투숙하면서 연회장과 객실을 2박 3일 동안 사용할 예정인 예약과 동시에 같은 연회장에서 저녁 6시 30분부터 저녁 만찬을 진행할 목적으로 연회장이 중복으로 예약되어 있다.

Q 이런 상황에서의 연회부서 담당직원은 어떻게 대처해야 할 것인가?

2 부드러운 전사적 항공서비스

항공서비스의 특성은 일반적인 서비스의 특성인 무형성, 소멸성, 이질성과 함께 고속성, 국제성, 공공성, 자본집약성, 설비의 의존성 등의 복합적 특수성을 갖고 있는 서비스산업 중의 하나이다.

항공서비스는 설비의 의존성이 높은 항공기를 이용하여 항공노선에 따라 비행하면서 승객에게 친절하고 안전하게 목적지까지 운송해 주는 데 있다. 항공서비스제품을 구매한 승객은 비행 중에 경험한 편안함과 안락함, 쾌적함 그리고 장시간 동안의 승무원의 친절하고 정중한 서비스를 받으며 목적지에 도착했을 때의 안도감 등을 경험하는 것이라고 할 수 있다.

항공업은 인적자원에 대한 의존도가 높은 산업이며 승무원이 업무 진행과 고객을 위한 서비스를 통하여 항공사의 서비스 품질에 큰 영향을 주는 요인이 된다. 그러므로 항공서비스는 승무원들의 비행업무 수행 능력과 승무원 서비스로 설명될 수 있다. 항공서비스에 대해 자세히 알아보고 승무원이 갖추어야 할 서비스자세에 대해 알아보고자 한다.

1) 객실 서비스의 구성

(1) 객실서비스

객실승무원의 주요 업무는 승객의 욕구를 충족시켜 주며 안전하고 편안한 비행이 될 수 있도록 해주는 것이다. 세계 모든 항공사의 객실승무원들이 지녀야 할 서비스의 기본자세는 4S, Smile(미소, 인사성), Speed(민첩성), Smartness(세련된 동작), Sincerity(친절성, 성실성)이 있다. Smile(미소, 인사성)은 승무원이 지녀야 할 가장 중요한 서비스 기본자세이며 이는 인간관계 형성에 도움이 되며, 승객을 안심시키고 편안하고 기분 좋은 발생 및 유지시켜 주는 효과를 갖고 있다.

(2) 항공기 구성

❶ **객실구분(ZONE)** : 객실 Main Desk는 A, B, C, D, E Zone으로 구분

❷ **항공기 좌석(SEAT)** : 좌석 간의 간격과 제공되는 기내식의 품질

- 퍼스트 클래스(일등석)
- 비즈니스 클래스(준일등석)
- 이코노미 클래스(일반석)

❸ **선반(OVERHEAD BIN)** : 기내 천정의 객실좌우 및 중앙에 설치되어 있으며 휴대수화물을 보관하기 위한 것이며 Attendant Station에서 가장 가까운 곳에는 Megaphone과 같은 비상 장비가 설치되어 있음

❹ **화장실(LAVATORY)** : 거의 동일한 형태의 기내 화장실, 차별화 전략이 시도되고 있음

❺ **기내음악 및 영화** : 프로그램은 취항노선에 따라 운영

❻ **에어쇼 서비스** : 비행중 운항에 대한 정보를 컴퓨터 그래픽 화면을 통하여 전체적 항공기 모형 및 객실구성도, 항로, 고도, 실외온도, 잔여시간 등을 다양한 언어로 적절히 정보를 제공하는 것

❼ **기내식음료** : 일관되지 않은 메뉴로 고급화, 차별화를 시행함

❽ **어린이·유아 및 장애인을 위한 서비스**

- 어린이 : 장난감 선물 제공
- 유아 : 이유식 및 젖병, 기저귀 등 준비,
  객실 내에 착탈식 유아용 요람(Baby Bassinet),
  화장실에는 Baby diaper panel
- 몸이 불편한 승객 : 이동에 용이한 모든 통로측 좌석을 우선 배정, 좌석의 젖혀지는 팔걸이, 장애인용 화장실 설비

❾ **면세점서비스** : 면세품판매(술, 담배, 향수, 화장품, 액세서리 등), 사전주문예약 가능

❿ **기타서비스**

- 기내에 제공되는 엽서·편지 등의 우편물 발송서비스
- 불편사항 또는 서비스 향상을 위한 승객의 의견을 제시할 수 있는 고객제안서(comment letter)
- 일반석증후군(Economy class syndreme) 방지를 위한 체조 및 음료서비스

2) 기내서비스

(1) 비행준비

탑승 전 수행해야 할 모든 준비 업무

❶ **브리핑준비** : 승무원의 유니폼착용 점검, 서비스 정도, 도착지 정보, 특이사항 공지

❷ **Show-up 및 용모 및 복장 점검** : 객실승무원은 Duty Senior로부터 용모, 복장, 휴대품 점검 실시

❸ **출장비수령** : 공항 내 외화통장으로 매월 입급

④ **객실브리핑** : 비행업무에 필요한 휴대품을 완비 후 정해진 시간과 장소에서 실시

- 승무원소개
- 비행 휴대품 체크
- 여객정보 및 업무 할당
- 서비스 절차 및 방법 지시
- 비상사태 시 행동요령 숙지
- 기타 업무 지시

⑤ **합동브리핑** : 기장 주관하에 항공기 운항과 관련된 정보 제공

- 비행시간
- 운항항로
- 운항고도

⑥ **수하물탁송**

- 항공기 탑승 전 Flight Tag와 소지품을 제외한 모든 수화물은 탁송을 원칙으로 함
- 출국절차에 따른 CIQ 통과하여 항공기 탑승

(2) 지상업무

비행안전 점검, 기내서비스를 위한 각종 아이템 점검 등 승객 탑승 후 이륙 전까지 서비스 업무

① **사전비행준비** : 안전비행을 위한 승무원들의 사전비행준비 사항

- 비상장치 & 보안장비위치 및 상태확인
- 승객 좌석의 주변 점검
- 객실 청결상태 점검
- 통로(Galley)의 점검

- 기물, 기내식, 객실용품 등 사전 점검

❷ **이륙서비스 준비** : Ground 서비스를 위한 준비

- 신문·잡지 서비스 준비 : 신문과 잡지카트에 제호가 보이도록 세팅
- 화장실 용품 세팅 : 화장실용품 탑재 확인 후 정자리에 세팅
  (로션스킨, 휴지, 물비누, 여분의 화장실 용품 세팅)
- 술과 음료 준비 : 조리담당(Galley Duty) 승무원은 객실수와 서비스 횟수를 고려 후 필요한 각종 음료(와인, 맥주, 각종 음료 등)를 차갑게 함
- 기내판매품 인수 : 기내판매담당승무원은 판매일보에 따른 정확한 종류와 수량 인수 및 보조용품(영수증, 쇼핑백) 확인
- 기내부착물 게시
- Boarding Music & Air Show : 사전 작동 확인 및 Air show는 유연성 있는 상영시간 조절

❸ **승객탑승**

담당별로 전 승무원 업무 수행 : 승객좌석 안내, 환영인사, 승객수 확인

❹ **Ground 서비스**

- 신문·잡지 서비스
- 환영음료(Welcome Drink) 서비스 : 대형 트레이에 담아서 담당구역별로 서비스 진행
- 헤드폰(Headphone)제공 서비스 : 서빙카트를 이용하여 담당구역별로 서비스 진행

❺ Door Close 및 환영방송

- 지상직원으로부터 사무장은 승객과 화물 및 운송관련 서류를 인수받고 탑승 완료 후 Door를 닫음
- 환영방송은 및 인사는 방송담당자 방송 실시, 방송 첫 인사말에 맞추어 모든 승무원 해당 Door side에서 인사 실시

❻ **안전수칙시범** : 비행 중에 발생할 수 있는 비상사태 대비하여 시범실시

- 금연, 좌석벨트의 사용, 비상탈출구의 위치, Life Vest의 위치 및 사용법, 산소마스크의 위치와 사용법

❼ **이륙준비** : 전 승무원은 담당구역별로 비행안전에 대비하여 확인 및 점검

- 승객의 좌석 벨트, 좌석 등받이, 트레이 테이블, 팔걸이, Door side & Aisle clear, 전자기기 사용금지 안내, 승객휴대수하물의 유동성 확인 및 고정, 객실 내 시설물 안전 상태 점검, Galley 및 화장실 점검, 객실조명 조절 등

❽ **승무원 착석** : 지정된 좌석 착석 후 좌석벨트를 착용

(3) 기내서비스

❶ **기내서비스 순서**

- 장거리비행 : Hand Towel 서비스 → Menu Book 서비스 → 카트서비스 → Meal 서비스 → 입국서류 배포 및 작성협조 → 기내판매 → 영화상영 → 2nd Hand Towel → 2nd Meal 서비스 → 입국서류 작성 재확인 → 착륙준비
- 중거리비행 : Hand Towel 서비스 → 카트서비스 → Meal 서비스 → 입국서류 배포 및 작성협조 → 기내판매 → 영화상영 → 착륙준비
- 단거리비행 : 입국서류 배포 → Meal 서비스 → 기내판매 → 착륙준비

❷ **Hand Towel & Menu Book 서비스**

가. 면타올(Cotton Towel) : 1st Meal 서비스 전 제공

- 말려진 면타올을 집게를 이용하여 서비스, 서비스 전 온도, 습도, 냄새 점검 필요
- 회수 : 승객이 직접 Basket에 담도록 유도

나. 1회용 타올(Disposable Towel) : 2nd Meal 서비스 전 제공

- Towel Basket에 가지런히 담은 후 손으로 직접집어 하나씩 서비스
- 회수 : 승객이 직접 Basket에 담도록 유도

❸ Menu Book 서비스

가. 사전비행 전 Menu Book의 탑재위치, 청결상태, 수량 등 확인

나. Small Tray에 담당구역별 탑승객 수에 맞춰 준비

다. 타올 서비스 후 담당 구역별 Duty 승무원이 커버가 승객의 정면을 향하도록 1매씩 개별 서비스

❹ 음료서비스

가. 식전주(Aperitif) 개념으로 제공

나. 3시간 이상의 비행에서 1st Meal 전에 서비스

다. 식사시간에 따라 트레이와 카트를 이용하여 서비스

❺ Meal 서비스

가. Meal 서비스 전

- Entree Heating 및 세팅
- 각 담당구역별 승객수, 레드와인, 찬 화이트와인 준비
- Bread Warming
- 카트 상단 세팅 준비

나. Meal 서비스 순서

- 양식 & 한식 서비스
- 물 또는 와인 리필
- 뜨거운 음료 서비스
- 트레이 회수

(4) 기내판매

❶ 객실브리핑 전 기내판매담당승무원이 수령

- 기내판매잔돈 수령에 대한 인수증에 서명

- 기내판매품 : 인수할 때의 판매일보와 대조하여 탑재된 면세품의 종류와 수량 확인 후 인수 또는 효율적 판매품 인수 인계를 위하여 Seal to Seal로 실시

❷ 기내판매카트를 준비, 기내판매, 재고파악 및 판매일보 작성, 확인사항(sealing), 기판대금인계 순서로 업무 진행

(5) 기내판매방법

❶ 카트판매방법

카트의 상·중·하단에 기판품을 진열하여 판매하는 방식 또는 기판전용 카트 사용

❷ 기내주문판매

가. 기내 주문제도 : 승객 탑승이 접수된 주문서를 받아 물품을 Packing하여 승무원이 직접 전달하는 판매 방식

나. 사전 주문제도 : 서울출발 24시간 전까지 접수 받아 기내에서 전달하는 방식

다. 귀국편 예약주문제도 : '귀국편예약주문' 예약주문서를 받아 귀국편 기내에서 면세품 전달 미 대금 수수 방식

(6) 착륙준비

❶ 착륙 전 업무

가. 통로담당(Aisle)승무원 : 객실 정리정돈

나. 주방담당(Galley duty)승무원 : 서비스용품 정리, 음료알코올명세서(Dry item inventory & Liquor Inventory List) 작성

다. 승객에게 입국서류 작성 여부 확인

라. 헤드폰, 잡지 회수, 정위치 보관, Galley 내 차단칸막이 Seal & Lock

마. 담당구역승객의 착륙준비 점검

바. 승무원 착석

❷ 착륙 후 업무

가. Taxing, Slide Mode 변경 및 수신호 보내기

나. Door Open, 탑승구 입구 또는 각 자리에서 승객하기

- 승객하기 순서 : 응급환자 → VIP 또는 CIP → First Class 승객 → Prestige class 승객 → UM → Economy class 승객 → 제한승객 → Stretcher 승객

다. 기내점검

- 화장실용품 회수, 승객유실물 확인, Overhead Bin Open, 화장실 내 잔류승객확인, 잔류 헤드폰 및 잡지 회수, Slide Mode와 인수·인계품 확인

❸ 도착 후 업무

서비스 아이템 인계, 기판대금반납, 공지사항 및 Mail 박스 확인

3) 승무원이 갖추어야 할 자질과 서비스 매너

객실승무원은 항공사를 대표하는 전문서비스인으로서 건강한 체력과 세련된 국제매너, 직업에 대한 프로의식을 갖추어야 한다.

(1) 건강한 체력과 신장

(2) 늘 미소를 띄울 수 있는 밝고 부드러운 이미지

(3) 업무에 적합한 외국어 언어 구사 능력

(4) 서비스 마인드 고취

(5) 정중하고 예의 바른 몸가짐

(6) 서비스 매너의 완전 체득화

- 승객을 차별 않는 태도
- 승객과의 잡담 삼가

- 상식적 매너에서 벗어나는 행동 삼가

(7) 글로벌 매너를 완전히 익혀 체득화

(8) 회사의 이미지 및 서비스직의 이미지를 고려하여 단정하고 깨끗한 용모와 복장 유지

- 지정된 복장, 스타킹 착용

(9) 비상사태 또는 위험한 상황에서 침착성 및 승객 압도 능력

(10) 비행 시 많은 승객의 안전을 담당하므로 충분한 휴식

(11) 자기관리력 : 자기절제를 통한 외모 또는 적정 체중 유지

(12) 비행관련한 시간 엄수

(13) 서비스 안전과 관련된 매뉴얼 엄수

(14) 서비스 매뉴얼 준수

(15) 고객의 요청에 대한 응대 시에 대해 유연한 대처

(16) 승객의 말을 끝까지 경청하고 정확하게 이해하는 센스

- 요청을 받을 때는 정확하게 듣고 이해하지 못했을 경우 재확인 후 잊기 않기 위해 메모하여 끝까지 정확하게 요청사항이 처리될 수 있는 자세
- 불평·불만 발생 시 핑계를 대지 않고 정중한 사과 후, 승객이 느낀 불편했던 점을 끝까지 경청한 후 공감하는 자세

(17) 승객 수준에 맞는 언어쓰고 표현하기

- 승객의 성향, 학력, 취향 등을 사전 파악 후 그 승객에게 맞는 적절한 언어구사, 전문용어 및 외국어 등은 알맞지 않음

(18) "No"라는 대답을 하지 않음

- 가능할 수 있도록 노력하는 자세
- 불가능할 경우 대체 서비스 제공 및 제안
- 부정적 표현은 의뢰형 또는 긍정문으로 사용

사례

기내에서 불평 · 불만 사례 및 대처

고객 :

혹시 제가 너무 힘들고 금단 현상이 일어나는 것 같아 그러는데 담배를 피워야 할 것 같은데요. 담배를 피울만한 곳이 있나요? 좀 피우게 해주세요. 10시간 넘게 비행하는데 앞으로도 4시간이 더 남아 견디기가 너무 어려워서 그러는데 좀 도와주세요.

올바른 승무원의 답변 :

맞아요. 장거리 비행이라 힘드실 거예요. 그런데 기내에서는 화재에 대한 위험이 있어서 혹시라도 화재가 발생하면 그 위험은 상상하시는 이상의 결과를 가져오게 됩니다. 또한 다른 승객에게 간접흡연의 피해를 줄 수 있으므로 기내에서는 흡연이 금지되어 있습니다. 이제 4시간이면 긴 시간으로 느껴지실 수 있지만 조금만 더 참아 주시면 감사드리겠습니다. 힘드신데 시원한 음료나 따뜻한 차 또는 캔디를 드시면서 영화를 좀 더 보시는 것은 어떠신지요?

불평 · 불만 해결의 포인트 :

1. 고객이 불편에 대한 경청과 공감
2. 상황설명 및 이유 제시
3. 해결책 또는 대안 제시

쉬어가기

고객 불평 · 불만 경청 시 고객에게 맞장구치는 방법

1. 맞장구는 짧게 감정을 표현하면서 넣는다.
   예) "아, 그렇군요.", "아, 그러네요.", "예, 예", "그럼요.", "옳은 말씀이십니다."
2. 타이밍을 맞춘다.
   맞장구의 타이밍을 맞춤으로써 고객이 말하고 있는 것에 대해 흥이 나도록 한다.
3. 맞장구를 멈출 때를 알자
   무조건 맞장구를 치는 것이 아니라 상대가 열을 올리고 있을 때는 잠시 멈춘다.
4. 맞장구는 대화의 방향을 이끌어 나갈 수 있다.
   고객으로부터 긍정적인 대답을 얻고 싶을 때에는 긍정의 말에만 맞장구를 친다.
   이는 대화를 원하는 방향으로 유도해 나갈 수 있다.

Worksheet

1. 호텔의 객실부에 소속되어 있는 세부 부서들에 대해 이해하고 업무내용에 대해 알아보자.

2. 호텔의 식음료부서에 소속되어 있는 세부 부서에 대해 이해하고 업무내용에 대해 알아보자.

3. 호텔리어가 갖추어야 할 서비스의 기본자세와 서비스 매너에 대해 알아보자.

4. 항공서비스의 구성에 대해 알아보자.

5. 기내서비스의 순서에 대해 이해하고 알아보자.

6. 승무원이 갖추어야 할 서비스 기본자세와 서비스 매너에 대해 알아보자.

Chapter

05

글로벌 마인드와 이문화 이해

1. 국제 비즈니스 매너와 에티켓

2. 국제화 시대 인사와 교류(나라별 특징)

학습목표

1. 글로벌 시대에 따른 국제 비즈니스 매너와 에티켓을 이해할 수 있다.
2. 의전의 의미와 의전 5R 원칙에 대해 학습한다.
3. 의전 원칙에 따라 참석자의 의전 업무를 기획하고 수행할 수 있다.
4. 나라별 이문화에 따라 다양한 인사법과 문화를 학습한다.

1 국제 비즈니스 매너와 에티켓(manners and etiquette)

오늘날 전 세계는 교통, 통신, 인터넷 등의 발달로 인해 국가 간에 사회, 문화, 경제적으로 많은 교류가 이루어지고 있으며 세계가 국경을 초월한 글로벌 시대에 접어들었다.

이문화는 서로 다른 문화, 즉 다른 종교적 믿음, 다른 언어, 다른 생활 방식을 가진 여러 문화를 뜻하는데 글로벌 시대가 도래함에 따라 서로 다른 문화 차이에서 오는 혼란이나 갈등을 줄이기 위해 다른 나라의 문화를 올바로 이해하고 수용하는 것이 중요하다.

외국인들은 우리와 다른 생활방식과 가치관을 지니고 있으며 서로 다른 문화에서 자라왔기 때문에 우리 문화에서 좋은 매너와 에티켓으로 여겨지는 것이 다른 문화권에서는 금기시되거나 부정적으로 받아들여져 자칫 잘못하면 상호 간의 문화충격이나 문화충돌을 경험할 수 있다는 사실을 명심해야 한다.

서로 다른 문화를 가진 사람들과 성공적인 비즈니스를 위해서는 국제 비즈니스 매너와 에티켓을 잘 숙지하고 익히는 자세가 필요한데, 이렇듯 이문화의 올바른 이해 없이는 성공적인 비즈니스를 이끌어 낼 수 없다. 그러므로 나라마다 다양한 글로벌 문화를 이해하고 국제화 시대에 기본적으로 알아야 하는 매너와 에티켓을 학습하고 숙지하는 자세가 필요하다.

에티켓은 국가의 문화와 생활방식에 따라 다를 수 있지만, 매너는 에티켓의 기본개념을 바탕으로 타인을 배려하고 존중하는 정신을 내포하고 있기 때문에 국가, 문화를 초월한다. 에티켓과 매너 모두는 개인의 인격을 나타내는 척도이고, 국제 사회에서 통용되는 중요한 수단이기 때문에 매너를 갖추고, 에티켓을 실천하여 국제적인 비즈니스에서 적합한 기본 자질을 갖춘 글로벌인이 되는 것이 중요하다.

1) 각 나라별 비즈니스 매너와 에티켓

(1) 일본

- 일본인과의 비즈니스는 장기적인 안목을 가지고 하는 것이 좋다. 일본인은 신뢰관계를 중요시하기 때문에 사업에 있어서 상대방보다 소개자의 존재가 비즈니스의 성공률을 높이는 데 중요한 요소로 작용하므로 양측을 잘 아는 사람의 소개가 필요하다.

- 일본에서의 시간관념은 매우 중요하다. 약속시간을 준수하는 것에 비즈니스의 성공 여부가 달려 있다. 지각은 신뢰감을 줄 수 없기 때문에 불가피하게 시간 약속을 지키지 못할 경우 미리 양해를 구하여 다시 조정하는 것이 예의이다.

- 일본의 비즈니스 문화에서 우리나라와 같이 명함을 주고받는 일이 보편화되어 있기 때문에 일본인을 만나게 될 경우 넉넉하게 명함을 준비하도록 한다. 명함 교환 시 우리나라처럼 아랫사람이 먼저 건네는 것이 매너이다.

- 일본에서는 공과 사를 분명히 구분하기 때문에 비즈니스 시 딱딱한 분위기를 푼다는 의도로 불필요한 농담을 하면 안 된다. 일본인들은 정치에 무관심한 편이지만,

경제적 분야에 있어서는 아주 관심이 많기 때문에 비즈니스 협상 시 경제적인 지식과 상식을 많이 지니는 것이 필요하다.

- 일본인들은 숫자 4와 9를 싫어한다. 특히 숫자 '4'는 불행을 가져온다고 믿기 때문에 선물을 할 때 유의한다. 또한 흰색은 죽음의 색으로 여겨 흰색 꽃이나 흰 종이로 포장하지 않도록 하고, 칼은 자살이나 단절의 의미로 받아들이기 때문에 선물하는 것을 피한다. 일본인들은 선물을 받았을 때 즉시 포장을 풀지 않고 선물을 준 사람이 돌아간 후 포장을 여는 것이 매너이다.

(2) 중국

- 중국인들은 비즈니스 시 집단적인 분위기를 중요시 생각하는 독특한 점이 있다. 즉, 자기 혼자 책임이 아닌 연대적 책임에 의해 심리적 안정감을 확보하였을 때 협상에 참여하는 경우가 많다. 이러한 중국의 비즈니스 문화를 파악해서 상황을 이해한다.

- 중국인들은 명함교환을 선호하므로 충분한 양을 준비한다. 명함의 한쪽은 영어로 다른 한쪽은 중국어로 표기하는 것이 좋으며, 중국에서는 황금색이 번영을 나타내므로 명함의 글씨를 금색 글씨로 인쇄하는 것도 좋다.

- 중국의 비즈니스 문화는 결정권을 가지고 있는 상사가 하는 것이라는 고정관념이 강하므로 부하직원이 대화에 참여하는 것은 바람직하지 못하다. 또한 중국인은 체면을 중요시 하고, 자존심이 매우 강하기 때문에 자존심을 상하게 하는 충고나 조언을 함부로 하지 말아야 한다.

- 중국은 비즈니스 문화에서는 선물을 주는 것은 뇌물로 간주하기 때문에 선물을 금

한다. 그러나 선물을 꼭 주고 싶다면 비즈니스 협상을 마친 후 사적인 자리에서 우정의 표현으로 선물을 주거나, 당신이 소속한 회사가 하는 것으로 명시해서 주어야 한다. 중국인들은 선물을 권할 때 예의상 세 번 정도 거절하고 받는 것이 매너라고 생각하기 때문에 계속 받기를 권하는 것이 좋다.

- 중국에서는 괘종시계를 선물하는 것은 장례나 죽음을 의미하기 때문에 피하는 것이 좋고, 빨간색이 행운의 상징이기 때문에 선물포장 시 빨간색으로 하거나 빨간색이 들어간 선물을 하는 것도 좋다.

(3) 미국

- 미국인들은 비즈니스에서 시간이 곧 돈이라는 의식이 확고해서 시간관념이 철저하며, 실용성을 강조하는 나라이다. 따라서 상하관계에 있어서 지나친 격식과 형식에 얽매이지 않는다.

- 미국인들은 비즈니스 협상을 들어가기 전에 'Small Talk'(날씨, 스포츠, 취미 등)를 짧게 하고, 바로 본론으로 들어가서 비즈니스 협상에 돌입하는 것을 좋아한다.

미국은 다민족 국가이기 때문에 정치, 종교, 인종차별, 성차별 등 논쟁의 소지가 있는 주제는 피한다. 승산이 있는 사안은 다수결의 원칙을 적용하여 합의를 도출하기 위해 시간을 허비하지 않는 비즈니스를 선호한다.

- 미국은 기독교의 비중이 큰 나라이므로 일요일은 비즈니스 약속을 잡지 않는 것이 좋다. 주말은 가족과 함께 보내거나 개인적 시간을 갖는 개념이 강하기 때문에 업무상 약속을 잡지 않는다.

- 미국인들은 비즈니스와 관련된 선물은 작고 부담이 없어야 하며 고가의 선물은 뇌물로 생각하기 때문에 주의해야 한다. 거래가 성사된 후 감사의 의미로 선물하는 것도 좋지만 관행은 아니다. 선물을 받았을 때 그 자리에서 바로 풀어보고 기쁨을 표현하는 것이 매너이다.

(4) 영국

- 영국은 다른 유럽 국가와는 달리 비즈니스에 있어서 보수적인 관행을 중요시 하는 측면이 있고, 나이 많은 사람을 존중하기 때문에 가능하면 연륜 있는 대표를 파견하는 것이 좋다.

- 영국은 전통적인 신사의 매력을 풍기는 복장을 중요시하므로 비즈니스 시 전통적인 정장 착용을 하여 차림새에 주의를 기울인다.

- 영국은 비즈니스에서 좋은 화젯거리나 유머가 중요한 역할을 하므로 잘 활용한다. 그러나 사생활이나 정치에 관한 이야기, 영국의 왕실에 대한 이야기나 농담은 절대적으로 삼가 해야 한다. 좋은 화제로는 영국인들은 스포츠에 대한 관심이 높기 때문에 스포츠에 관한 화제나 시사에 관해서 상대방의 의견도 듣고 싶어 하기 때문에 이런 대화를 하는 것이 좋다.

- 영국은 뇌물에 있어서 아주 엄격하므로 비즈니스 업무와 관련된 선물은 주고받지 않는 것이 좋다.

(5) 프랑스

- 프랑스인들은 직설적이고 문화적 규범에서 벗어나는 것을 받아들이지 않기 때문에, 비즈니스 협상을 할 때에는 구체적이고 논리적인 전략이 필요하며 항상 격식을 갖추어야 한다. 프랑스어로 명함을 인쇄할 경우 양면인쇄는 피한다.

- 프랑스인은 식사 중에 많은 대화를 하며, 비즈니스 식사는 저녁보다는 점심을 선호한다. 그러나 실제 비즈니스 업무가 식사에서 이루어지지 않기 때문에 사업관련 이야기를 해야 한다면 디저트를 다 먹을 때까지 기다리고 난 후 하도록 한다.

- 프랑스에서는 비즈니스 파트너끼리 선물을 주는 것이 일반적이지는 않다. 감사의 표시로 선물을 줄 때에는 선물에 명함을 넣지 않는 것이 프랑스의 비즈니스 에티켓이다. 만약 꽃을 선물로 주는 경우 붉은 장미는 연인들 사이에서만 주고받는 것이므로 주의해야 하며, 우리나라에서 어버이날 감사의 의미로 선물하는 카네이션은 프랑스에서는 장례식에 사용되는 불길한 꽃으로 여겨지므로 피한다. 또한 프랑스인들은 향수에 대해 대부분 전문가 수준이기 때문에 프랑스 사람에게 향수를 선물하는 것은 적당하지 않으며, 프랑스 사람에게 와인을 선물하는 것은 한국 사람에게 소주를 선물하는 것과 같은 의미이므로 피한다.

(6) 러시아

- 러시아의 비즈니스 형태는 자존심이 매우 강한 민족이고, 과거 공산주의 시절에서부터 몸에 배어 있는 집단의식 때문에 이러한 국민성을 이해하면 비즈니스 시작에 도움이 될 것이다. 또한 러시아인들은 비즈니스 시 과장되게 이야기하는 면이 있는데 따라서 계약을 체결하였더라도 이행하지 않는 경우가 있으므로 주의해야 한다.

- 러시아인은 친분이 없는 경우에는 대화에 흥미를 느끼지 못하기 때문에 술을 마시면서 사업에 대한 논의를 하는 것을 선호한다. 러시아인들은 음주를 매우 즐기는데 건강상, 종교적으로 특별한 이유가 없는 이상 술을 거부하지 않는 것이 좋다.

- 러시아에서 약속시간을 받아내기란 아주 힘들기 때문에 비즈니스 약속은 가능한

한 미리 정하고, 약속일정을 여러 번 확인을 하는 것이 좋다. 비즈니스 상담 시 러시아 역사나 문화에 대해 관심을 보이면 호감을 느끼기 때문에 미리 러시아에 대한 지식을 알아두면 협상에 도움이 될 것이다.

- 러시아 사람들은 선물 받는 것을 좋아하고 선물을 통해 우정을 다지는 경우가 많다. 특별히 금기하는 선물을 없지만 고가의 선물은 피해야 한다. 꽃을 선물할 때는 축하의 의미를 홀수로 하고 애도의 의미는 짝수로 하며, 노란색 꽃, 흰 꽃은 피하는 것이 좋다.

2) 의전(Protocol)

국제적인 비즈니스에서 매너와 에티켓을 실천하는 것이 국제교류에 있어서 통용되는 예절을 말한다면, 조직이나 국가 간의 공식적으로 이루어지는 국제행사 등에 필요한 예의와 규범을 의전이라고 한다.

즉, 의전(Protocol)이란 조직이나 국가 간의 공식 행사에서 정해진 격식에 따라 치르는 행사이며 통용되는 예법을 말한다. 의전은 국기, 국가원수, 서열, 국제회의 등 여러 종류가 있다. 의전은 각국의 문화에 대한 이해를 바탕으로 상호 존중과 배려의 마음가짐으로 해야 한다. 국가에서 통용되는 약속이기 때문에 의전은 상식에 기초해야 하며, 다음과 같은 의전의 5가지 원칙(5R)이 있다.

(1) 의전의 5R 원칙

❶ 의전은 상대에 대한 존중(Respect)이다.

의전의 출발점은 서로가 다르다는 점을 인정하며 상대 문화 및 상대방의 존중과 배려에 있다. 모든 국가에서 공통적으로 통용되는 의전 관행이 있지만, 각국의 문화적 배경을 바탕으로 서로 상이한 문화와 관습의 차이 때문에 다르게 조율해야 할 의전 관행도 있다.

종교적인 이유로 소고기, 돼지고기, 술을 먹지 않는 나라에서 온 손님이나 국빈에게 이러한 음식들을 대접하는 것은 큰 결례이다. 이러한 차이를 극복하기 위해 상대방의 문화나 관습을 존중하는 것이다.

❷ 의전은 상호주의(Reciprocity)를 원칙으로 한다.

국가 간에 등가의 이익을 교환하거나 동일한 행동을 취하는 주의로 동일한 대우를 교환하는 것을 상호주의라고 하며 외교의 기본적인 원리 중 하나이다. 내가 배려한 만큼 상대방으로부터 배려를 기대하는 것인데, 국가 간 관계에 있어서 서로 간에 어떤 대우를 받았는가는 그 국가의 위상과 존엄과 연결되므로 매우 중요한 사안이다. 만약 의전상 의도치 않은 결례가 불가피하게 일어났을 경우에는 충분한 사과와 설명을 통해 이해를 구하는 것이 중요하다.

❸ 의전은 문화를 반영(Reflecting Culture)한다.

의전의 격식과 관행은 시대적 문화를 반영 하므로 현재의 의전 형식이 영원히 변하지 않는다고 생각할 필요는 없다. '로마에 가면, 로마법을 따르라(When in Rome, do as the Romans do).'는 서양 속담에서 나타나듯이 상황과 장소에 따라 변한다는 것을 잘 말해준다. 서양에서는 숙녀 먼저라는 'Lady First'에서 유래된 것과 같이 여성에 대한 우대가 특별한데 중동지역 국가의 경우에는 국가의전 행사 시 여성을 동반하는 경우가 드물다.

즉, 시대 상황에 따라 문화도 변하고 의전 관행도 바뀔 수 있는 것이므로 형식과 격식에 너무 얽매이는 것보다는 상대의 문화에 대한 이해가 먼저 선행되어야 할 것이다.

❹ 의전은 서열(Rank)을 지키는 것이다.

의전 행사에 있어 참석자들의 서열을 지키는 것은 의전에 가장 기본이 되는 것이며 핵심이다. 서열을 무시하는 것은 국가나 조직에 대한 큰 결례를 범하는 것이다. 국내 행사 시 서열은 각 국가별로 헌법, 정부조직법, 법령 등에 의거한 직위에 따라 서열 기준으로 삼고, 공직이 없는 여성은 남편의 지위에 따라 서열이 정해진다. 국제 행사에 있어 서열을 정하는 것은 쉽지가 않은데 통상적으로 국명의 알파벳 순서를 사용하거나 주최국을 중심으로 오른쪽으로 순서를 정하기도 하고, 오른쪽, 왼쪽으로 번갈아 순서를 정하기도 한다. 어떤 순서로 정했는지 설명할 수 있는 기준을 정하는 것이 중요하며, 가능한 한 모든 참석자들이 예우를 받을 수 있도록 좌석 배치 시 각별히 신경을 쓰는 것이 중요하다.

❺ 의전의 기본은 오른쪽(Right)이 상석이다.

문화적·종교적으로 왼쪽을 불경하게 여겨온 전통이 오른쪽 상석의 원칙으로 발전하게 되었으며, 행사를 주최하는 주빈의 경우 손님에게 상석인 오른쪽을 양보한다. 다만, 국기의 경우는 예외에 속한다. 우리나라를 비롯해서 중국, 일본 등 대부분의 국가들은 국기에 대해서 상석을 절대 양보하지 않는 관행이 있다. 자리를 양보하는 정상들은 유한한 존재인 사람이지만, 국가를 상징하는 국기는 영원성을 상징하므로 절대 상석을 타 국가의 국기에 양보해서는 안 된다는 생각이 반영된 듯하다. 때로는 이러한 논란을 차단하기 위해 양측에 자국과 상대국의 국기를 함께 배치하는 것도 좋은 방법이다.

3) 국내외 의전의 기획

(1) 행사계획

❶ 장소답사

- 행사의 목적에 맞는 장소인지 적합성을 검토
- 행사장의 접근성, 이동거리, 주차, 교통편 등을 확인

❷ 행사개요 작성

- 행사명, 행사일시, 장소, 참석대상, 배치도, 초청장, 행사 내용을 기술
- 행사 식순, 주요 내용, 행사 프로그램 구성, 소요시간 등 세부적인 사항 작성

(2) 세부계획 수립

❶ **내빈안내** : 안내요원의 배치와 위치별 행동요령, 참석자 이동에 따른 수송방법 및 계획, 숙박정보 확인 및 유의사항 점검

❷ **입장 및 퇴장계획** : 행사 참가자의 입장, 퇴장시간을 상세히 작성, 출입통로 및 동선을 파악

❸ **참가자 및 차량동원 계획** : 참가자의 구성과 인원수에 관한 참석자 리스트, 차량 수송

계획, 주차, 집결시간 등 명시

❹ **업무분장 및 준비일정** : 주관부서를 중심으로 관련 부서 간 업무협조와 업무 분장표를 만들어 업무를 기술, 참석 대상자 중 의전 대상자(VIP)에 대한 의전계획 수립

❺ **우천 시 대비 계획** : 우천 시 별도 행사 진행 계획을 준비, 옥외 행사에서 옥내 행사로 바뀔 경우 사전계획 작성

(3) 행사장 준비사항

❶ **식장** : 전체적인 행사장의 위치, 접근성, 조망, 일조 등을 고려, 식장배치도, 좌석배치도, 중계석, 촬영석, 의무실, 화장실 등을 고려하여 선정

❷ **식단** : 참석인원에 비례하여 식단의 크기 결정, VIP용 화장실, 대피소, 비품 설치

❸ **장식물 설치** : 식장 내·외만 설치하는 것이 원칙, 옥외의 경우 홍보탑, 현수막 등 설치

❹ **행사물품 준비** : 물품 준비 체크리스트 작성, 방명록, 필기구, 좌석명패, 참석자 명찰, 행사 유인물, 사회자 연설대, 마이크, 탁자 및 의자, 테이프 커팅식에 필요한 물품(천 테이프, 가위, 흰장갑), 기념품 등

(4) 행사의 진행

❶ **시나리오 작성** : 행사의 모든 행동, 말을 작성(기념사, 경축사, 건배문 등)

❷ **행사 내용** : 식전 행사, 공식 행사, 부대 행사 등 행사 프로그램 구성 내용을 작성

(5) 국제 행사 의전 계획

국제 행사에서는 참석자 의전에 대한 계획이 중요하다. 나라마다 문화나 관습이 다르기 때문에 서로 간의 차이를 극복하려면 가장 먼저 상대국의 입장이나 관습을 존중하는 것이 필요하다. 따라서 외국인 참석자에 대한 의전 계획을 면밀히 세우는 것이 중요하다.

❶ 사전 정보 확인

- 인적사항 확인(성명, 직책, 생년월일, 기호, 선호 음식, 건강 등)
- 일별, 시간대별 스케줄 확인
- 방문 예정 및 소요 일정 확인
- 방문지 이동에 따른 사전 정보
- 언어 확인 및 통역자 확인
- 필요 시 경호원 확인

❷ 공항 영접 준비

- 항공편 정보 확인
- 환영 인사 대상과 인원수 확인
- 차량 수송 계획

❸ 숙박정보 확인

- 호텔 객실 종류 및 이용 객실 수 확인
- 객실 내 인터넷, 노트북 설치 여부 확인
- Express Check in 확인
- 객실 환영 인사 카드, 꽃다발, 과일 바구니 등 필요 시 준비

❹ 행사 의전

- 행사 일정, 행사장 도착시간 등을 운전기사와 정보 공유
- VIP 영접 및 안내
- 좌석 배치도 및 의전 서열을 확인
- 만찬 시 식사 여부 확인(선호 음식 및 금지 식품 등)
- 행사 종료 시 선물 준비 및 환송
- 의전 수행 중 특이사항 및 History Card 작성

사례

한중일 '의전(儀典)' 삼국지..승자는?

한국과 중국, 일본의 '의전(儀典) 삼국지'가 뒤늦게 화제가 되고 있다.
문재인 대통령이 최근 중국 국빈방문에서 홀대 받았다는 논란이 일면서 국민들의 의전에 대한 관심이 커졌고, 의전 상황이 낱낱이 언론에 보도됐기 때문이다.

지난 13일 시진핑(習近平) 중국 국가주석과의 정상회담을 위해 중국을 국빈 방문했던 문 대통령은 공항 영접을 나온 쿵쉬안유(孔鉉佑) 중국 외교부 부장조리(차관보급)의 급이 낮다는 이유로 출발부터 홀대라는 논란이 일었다. 특히 문 대통령이 세 끼 연속으로 중국 측 인사들 없이 수행원들과 함께 식사를 한 것으로 밝혀지면서 홀대론은 활활 타올랐고, 이 때문에 방중 성과는 묻히는 꼴이 됐다. 고고도미사일방어체계(THAAD · 사드) 배치로 체면을 잃은 시 주석의 심중을 헤아린 중국 정부의 정치적 계산에 따른 안배라는 분석이 나오기도 했다.

아베 신조(安倍晋三) 일본 총리는 지난 19일 강경화 외교부 장관을 만나면서 자신보다 낮은 의자를 내줘 결례 논란이 일었다. 아베 총리는 홍준표 자유한국당 대표와 대통령 특사로 간 문희상 더불어민주당 의원에게도 자신보다 낮은 의자에 앉혔다. 정세균 국회의장이 6월 일본을 방문했을 때, 낮은 의자에 대해 처음부터 문제를 제기했고, 의전상 맞지 않다고 판단해 공식적으로 항의했다. 이에 아베 총리와 똑같은 디자인에 높이가 같은 소파에 앉았다. 미국 카터 국방장관, 페이스북 창립자 저커버그 등이 아베 총리를 만났을 때는 높이가 같은 소파에 앉았다. 일본이 외교적 상황에 따라 의자의 높낮이로 의전의 격을 조절한다는 비난이 나오는 이유다.

이에 반해 문 대통령은 국빈 방문 국가의 격에 관계없이 최고의 의전을 보여줬다. 중국과 일본이 미묘한 상황과 소품을 활용해 부정적 메시지를 전달하려는 의도와는 다른 '감동의 의전'을 실천했다는 평가다.

지난달 29일 방한했던 마이트리팔라 스리세나 스리랑카 대통령은 독실한 불교신자인 만큼 첫 번째 방문지는 조계사였다. 국빈방문을 하더라도 공식일정 외 두 정상은 만나지 않는 관례를 깨고 문 대통령이 조계사에 나와 스리세나 대통령을 맞이하자 스리세나 대통령은 "스리랑카와 스리랑카 국민, 저에게 문재인 대통령과 대한민국 국민이 큰 영광을 주셨다"고 말했다고 후일담을 전하며, 큰 감동을 받았다고 한다.

지난달 23일 방한한 사브카트 미르지요예프 우즈베키스탄 대통령과 지로아트 미르지요예바 대통령 영부인도 방한 당시 문 대통령과 김정숙 여사에게 큰 감동을 받은 것으로 알려졌다. 국립중앙박물관을 방문하기로 한 미르지요예바 영부인이 한국 측 수행원이 박물관에 중앙아시아 전시물이 있음을 전하자 미르지요예프 대통령이 다른 일정을 취소하고 박물관에 동행하겠다고 했다. 이 소식을 들은 문 대통령이 부부동반으로 함께 관람하자는 뜻을 전달하자 우즈베키스탄 대통령 부부가 크게 기뻐했다는 후문이다.

정부 의전 당국자는 "의전의 가장 큰 포인트는 감동을 주는 것이다. 의전에서 부정적인 메시지를 주려고 하지는 않는다. 다른 나라도 그런 경우는 없다"면서 "다만, 의전 과정의 실수, 보는 사람들의 관점과 오해로 인해 달리 받아들일 수는 있을 것 같다"고 말했다.

출처 : 아시아경제 김종화 기자 2017.12.21. 일자

Q. 위 기사를 보듯이 국가 간 외교에 있어서 의전은 매우 중요하다. 상대국에 대한 이해의 부족으로 의전상 결례가 발생하였던 사례나, 혹은 문화 차이를 감안해서 상대국의 입장과 관습을 존중해서 배려한 의전 사례에 대해 조사해서 발표해 보자.

2

국제화 시대 인사와 교류(나라별 특징)

어느 국가든 나라별로 풍습이나 문화가 다르기 때문에 각 나라별 문화를 이해하고 받아들이면 국제 비즈니스 거래에 있어서 성공할 수 있는 열쇠가 될 수 있다. 악수나 허리를 굽혀 인사를 하는 방법, 우리나라에서는 다소 어색한 양쪽 빰에 입맞춤을 하는 인사 등 나라마다 관습에 따라 인사법이 다르다.

인사는 비즈니스 매너에서 가장 기본이 되는 것이고 각 나라가 지니고 있는 문화와 방식이 다르기 때문에 국제화 시대에 발맞추어 나라별 다양한 인사법을 올바르게 이해하고 익혀두어, 적절한 때에 적절한 인사법으로 표현하면 좋을 것이다. 또한 각 나라에 따라 다양한 삶의 양식과 문화적 특성이 존재하는데 이문화에 대한 올바른 이해가 필요하다.

1) 각 나라별 인사법

(1) 포옹(Hug)

- 포옹은 친한 사이를 전제로 하는 인사법으로, 가볍게 안으면서 짧게 하는 것이 보통이다.
- 포옹을 하는 방법은 왼손을 상대방의 오른쪽 겨드랑이 밑으로 하여 상대방의 등을 가볍게 안으며, 오른손은 상대방의 왼쪽 어깨 등을 느슨하게 살짝 감싸 안는다.
- 남아메리카에 속한 국가들, 유럽에는 이탈리아, 스페인, 그리스, 포르투갈 등에서 주로 행해진다.

(2) 경례(Bow)

- 중국을 비롯한 아시아의 유교 영향권 나라 : 하급자, 손아랫사람 일수록 먼저 더 낮추어 고개를 숙인다.

(3) 악수(Hand shake)

- 미국 : 손을 힘 있게 잡고 두세 번 흔든다. 손윗사람은 격려의 의미로 아랫사람의 어깨를 두드리기도 한다.
- 독일 : 강하고 짧게 흔든다.
- 프랑스 : 손에 힘을 많이 주지 않는다.
- 한국 : 악수가 인사로서의 의미 보다는, 손을 잡는 그 자체에 의미를 둔다.
- 중남미 : 여성과 악수를 할 때 손등키스(Hand-kissing)를 하는 경우가 많다.

(4) 입맞춤(Kiss)

- 프랑스, 스페인, 이탈리아, 포르투갈, 다른 지중해 연안의 나라 : 주로 양쪽 뺨에 키스를 한다. 단, 연인이 아닌 이성 간에는 실제 키스는 하지 않고 소리만 낸다.
- 러시아 : 키스를 하고 포옹을 한다.

(5) 와이(Wai)

- 태국 : 와이(Wai)는 태국의 전통인사로 태국인의 인사는 불교에서 시작되었다. 두 손을 모으고 합장하는 인사이며 '싸와디카', '싸와디캅'이라고 말한다. 이때 합장한 두 손이 얼굴까지 높이 든다면 윗사람에게 존경과 공경을 나타낸다.

(6) 나마스테(Namaste)

- 인도 : 인도에서 주고받는 인사말로 태국의 '와이'와 비슷한 인사로 합장하고 머리를 숙이며 '나마스테'라고 말하며 하는 인사이다.

(7) 아브라쏘(Abrazo)

- 콜롬비아, 아르헨티나 등 중남미 나라 : 서로 껴안고 상대방의 등을 여러 번 두드린다.

(8) 코 비비기(Nasengruss)

- 뉴질랜드 마오리족 : 마오리족의 전통인사법을 '홍이'라고 하는데, 우선 악수를 하고 손을 잡은 채 '키오라!'라고 하면서 서로 마주보며 코를 두 번 비비면서 인사를 하는 것이다. 만약 실수로 코를 세 번 비비게 되면 그건 청혼의 뜻이기 때문에 주의해야 한다.

(9) 기타

- 아프리카 마사이족 : 반가움, 친근함, 존경의 표시로 상대방의 얼굴에 침을 뱉는다.
- 티베트인 : 자신의 귀를 잡아당기고 나서 혀를 길게 내미는 행동으로 인사를 나눈다. 혀를 내미는 행동은 자신이 악마가 아니라는 것을 보이려는 의미를 지닌다.
- 에스키모인 : 반갑다는 의미로 서로의 뺨을 친다.
- 미얀마 : 팔짱을 낀 상태로 윗사람에게 고개를 숙여 인사를 한다. 우리나라에서는 팔짱을 끼면 건방지다고 생각하지만 미얀마에서는 윗사람에게 팔짱을 끼고 있는 것이 상대방의 말을 경청하고 존중한다는 뜻이라고 한다.

2) 나라별 문화와 특징

(1) 태국

- 태국에서는 머리를 신성한 것으로 여기므로 어린아이가 귀엽다고 해서 머리를 쓰다듬는 행위는 하지 말아야 한다.
- 발로써 방향을 지시하거나 물건을 가리키는 것은 안 되며, 물건을 건네줄 때는 반드시 오른손을 사용한다. 왼손은 화장실에서 사용하는 손이기 때문이다.
- 사원을 출입할 때에는 반바지, 슬리퍼 차림은 안 되며 왕실을 모독하는 행위는 삼가한다.

(2) 대만

- 대만인들은 빨간색을 좋아하며, 죽음을 상징하는 흰색은 싫어한다.
- 선물을 받았을 때 준 사람 앞에서 직접 열어보지 않는 것이 매너이며, 손수건과 탁

상시계는 불운을 의미하므로 선물하지 않는다.

- 대만인의 등 뒤에서는 손뼉을 치지 않는다. 친밀감을 나타내는 포옹이나 어깨를 감싸는 행위, 눈을 깜빡이는 행동 모두 삼간다.

(3) 인도

- 인도는 종교적인 이유로 소를 신성시하므로 소고기를 먹지 않으며 술도 마시지 않는다.
- 소가죽으로 된 선물을 절대 하지 말며, 가죽제품을 몸에 착용하지 않는다. 개를 부정한 동물로 여기므로 강아지모양 장난감이나 그림이 들어간 것은 피한다.
- 인도의 종교인 힌두교는 남녀가 서로 접촉하지 않기 때문에 여자와 인사할 때에는 악수를 하지 않는다.

(4) 중동 아랍국가들

- 이슬람교가 많은 영향을 주고 있기 때문에 종교적인 이유로 술과 돼지고기를 금하며 여성들은 히잡, 차도르, 니카브를 착용한다.
- 오른쪽은 선, 왼쪽은 악을 상징하기 때문에 왼손을 내밀어서는 안 된다.
- 손수건을 선물하는 것은 이별을 의미하기 때문에 피해야 하며, 몸을 노출시킨 여성의 사진이나, 달력, 그림의 반입이 금지되어 있다.

(5) 독일

- 독일인들은 인사를 자주 하는 편이고, 사소한 일에도 항상 감사인사를 하며, 비교적 악수를 많이 하는 편이다. 그러나 칭찬은 일상적인 것이 아니므로 칭찬을 받게 되면 당황하거나 불안을 느낄 수도 있다.
- 독일인에게 개인적 사항에 대한 질문을 하지 않으며, 대화 중 주머니에 손을 넣거나, 뒷짐을 지고 이야기를 하면 무례하다고 본다.
- 선물은 비즈니스 매너에 있어서 중요한 부분이 아니지만 저녁 초대를 받게 된다면 과다하게 포장된 꽃은 좋아하지 않기 때문에 포장을 간소하게 해서 선물한다.

(6) 이탈리아

- 이탈리아인들은 남녀노소 누구나 악수를 청하고 명랑하고 쾌활하다. 대화를 나누는 것을 무척 좋아하며, 또한 손과 몸의 제스처를 모두 동원하여 대화하는 것이 특징이다.
- 손님을 집에 초대하는 것을 좋아하며, 식사대접을 받게 된다면 포도주나 홀수의 꽃을 선물하면 좋다. 상대방이 무언가를 베풀어 주었을 때 감사하다는 말을 자주 하며, 칭찬을 매우 좋아한다. 비즈니스에 관련된 선물을 교환하는 것을 좋아한다.

사례

나라마다 의미가 다른 제스처 매너

이 팀장은 해외영업을 통해 어렵게 발굴한 영국의 한 회사와 비즈니스 계약을 성사시키기 위해서 김 대표와 함께 영국으로 출장을 갔다. 영국인들은 신사의 나라인 만큼 비즈니스에 있어서 보수적이라는 사전 조사를 통해 정장차림에도 신경을 쓰고 비즈니스에 좋은 간단한 시사나 화젯거리 등 만반의 준비를 해서 영국 회사의 임원들과 만났다. 통역관을 통해 우호적인 회의 분위기 속에서 비즈니스 계약서에 각 대표가 서로 사인을 하고 성공적인 계약을 체결하였다.

앞으로 성공적인 비즈니스 거래를 기념하고자 기념촬영을 하자고 하여 영국 회사의 메인 건물을 배경으로 촬영에 나섰다. 이 팀장은 회의에서 실수하지 않으려고 긴장도 많이 했던 터라 계약체결에 긴장이 조금씩 풀리면서 기분이 점차 고조되어 갔다. 영국 임직원들과 김 대표, 이 팀장은 함께 포즈를 취한 순간 통역관의 얼굴이 잿빛이 되어서 이 팀장에게 달려와 손을 어서 내리라고 귓속말을 하였다. 이 팀장은 평소 사진 찍는 습관대로 '브이자(V자)'를 한 것뿐인데 '왜 저렇게 정색을 하지' 생각하며 공수자세로 사진을 찍고 영국의 임직원들과 인사를 나누고 헤어지며 나오는 길에 통역관으로부터 영국의 제스처 매너에 관한 이야기를 듣고 아연실색 하며 가슴을 쓸어 내렸다.

영국에서 손바닥을 보이게 하는 브이자는 상관이 없지만, 이 팀장이 취한 손등이 바깥쪽으로 보이는 브이자는 영국에서는 가장 심한 욕이나 외설적인 표현의 의미를 담고 있기 때문에 상당한 문제가 될 수 있다. 이것은 영국과 프랑스의 백년전쟁이 있었던 당시 영국군 포로의 검지와 중지를 잘랐던 상황을 떠오르게 해 모욕과 조롱의 의미가 될 수 있기 때문에 금기시되는 제스처이다.

이 팀장은 성공적인 비즈니스의 마무리 단계에서 하마터면 엄청난 실수로 이어질 뻔한 이번 사건을 계기로 나라별 글로벌 매너를 익히는 것이 기본이라는 생각을 가지게 되었다.

Q. 위 사례와 마찬가지로 동일한 제스처라 할지라도 각 나라별로 제스처와 보디랭귀지가 다른 의미로 해석되고 의도했던 바와 다르게 전달되어 오해를 불러일으킬 수 있다. 따라서 나라마다 의미가 다른 제스처 매너에 대해 조사해 보자.

Worksheet

1. 글로벌 시대에서 국제 비즈니스 매너와 에티켓이 왜 중요하게 거론되는지 이유를 생각해 보자.

2. 우리나라에서는 매너와 에티켓으로 통하지만, 문화적 차이로 인해 다른 나라에서 문제가 될 수 있는 '이문화'에는 어떤 것들이 있는지 조사하여 토론해 보자.

3. 의전의 5R 원칙 중 한 가지를 골라서 국가 간의 성공과 실패한 사례를 찾아서 발표해 보자.

Worksheet

4. 각 국가의 다양한 인사법에는 어떤 것들이 있는지 조사해 보자.

5. 우리나라와는 다른 국가의 문화 특성을 조사해 보자.

Chapter

06

가장 쉬운 듯 어려운 듯한 Manners

1. 매너와 에티켓의 정의

2. 비즈니스 매너(인사, 악수, 명함, 소개, 전화, 이메일)

학습목표

1. 매너와 에티켓의 개념을 설명할 수 있다.
2. 상황에 따른 비즈니스 매너를 연출할 수 있다.

1

매너(Manners)와 에티켓(Etiquette)의 정의

인간은 혼자서는 살 수 없는 사회적 동물이기 때문에 다양한 인간관계를 맺으며 살아간다. 자신의 삶을 행복하게 영위하기 위해서 직업을 갖으며 조직의 한 구성원으로서 여러 사람들과 대인관계를 맺으며 직장생활을 한다. 직장에서 출근하여 퇴근할 때까지 하루의 반 이상의 시간을 업무에 할애하며, 여러 이해관계자들과 일을 하며 보내게 되는데, 이때 직장생활에서 기본적인 매너와 에티켓을 지키는 것이 중요하다.

매너와 에티켓은 하루 아침에 만들어지는 것이 아니기 때문에 평소에 직장 내에서 비즈니스 매너와 에티켓을 익히고 몸소 실천하여 상대방을 배려하는 마음가짐이 필요하다. 사람들은 매너와 에티켓이라는 개념을 종종 혼용하여 사용하는 경우가 많기 때문에, 매너와 에티켓의 정확한 개념에 대해 알아보도록 한다.

1) 매너

매너(Manners)의 어원은 라틴어 Manus(손, 행동, 습관) + Arius(방법, 방식)라는 합성어 Manuarius(마누아리우스)에서 유래하였으며, 사람이 예절을 지키기 위해 구체적으로 행동하는 양식을 말한다. 즉, 매너는 사람마다 가지고 있는 독특한 습관이자 마음가짐에서 비롯된 인간의 행동방식을 의미한다.

매너의 기본 개념은 상대에게 폐를 끼치지 않고 상대방을 배려하고 존중하는 것이라 할 수 있다.

2) 에티켓

에티켓(Etiquette)의 어원은 프랑스어 Estiquier(에스티퀴에)라는 단어에서 유래된 것으로, 어원에 대해서는 두 가지 설이 있다. 17세기 프랑스의 루이 14세 시대에는 베르사유 궁전에 귀족들만 출입할 수 있는 출입증을 발급해 줬는데, 귀족신분을 나타내는 신분증과 같은 역할을 하는 프랑스어 에티켓에서 유래했다. 또 다른 에티켓의 유래는 베르사유 궁전의 정원사가 정원을 보호하기 위해 화단에 들어가지 말라는 푯말을 설치한 것에서 비롯되어, 오늘날에는 상대방의 '마음의 정원'을 해치지 말라는 의미로 확대되어, "예의범절"이란 의미로 자리 잡게 되었다. 즉, 사람들 사이의 합리적인 행동기준으로 사람들이 지켜야 하는 기본적인 생활 규범이다.

3) 매너와 에티켓의 차이점

매너와 에티켓에 대해 구분할 때 에티켓은 합리적인 행동기준이며, 매너는 에티켓을 행동으로 나타내는 방법을 의미한다. 매너와 에티켓을 표현할 때는 매너는 '좋다', '나쁘다', 에티켓은 '있다', '없다'의 유무로 표현한다.

에티켓이 형식(form)이라면 매너는 방식(way)이라고 할 수 있는데, 예를 들어 사람을 만나면 인사를 하는 것은 에티켓에 관한 일이며, 그 인사를 아침, 점심, 저녁 상황에 따라 인사하는 방법과 또는 인사를 공손하게 하느냐, 불손하게 하느냐는 매너의 범주에 속하는 문제이다.

매너(Manners)	에티켓(Etiquette)
행동으로 나타내는 방법	행동기준, 행동규범
개인, 개별의 의미를 내포	공공의 의미를 내포
'좋다', '나쁘다'의 질적인 평가	'있다', '없다'의 유무로 평가
방식(way)	형식(form)
상황에 맞게 인사를 하는 방법	사람을 만나면 인사를 하는 것

2 비즈니스 매너(인사, 악수, 명함, 소개, 전화, 이메일)

성공적인 직장생활을 위해서는 직장에서 필요한 비즈니스 매너를 익히는 것이 필요하다. 미국 콜롬비아 대학 MBA과정에 있는 유수 기업의 최고경영자들을 대상으로 '당신의 성공에 가장 큰 영향을 준 요인이 무엇인가'라는 설문조사를 한 결과, 무려 응답자의 93%가 '대인관계 매너'를 꼽았으며, 나머지 7%만이 능력이라고 대답했다고 한다.

이렇듯 비즈니스 매너는 사회생활을 하는 데 있어서 좋은 인간관계를 형성하는 데 도움을 주며, 개인의 성공과 더불어 더 나아가 조직의 성장과 발전에 기여를 하게 되기 때문에 선택이 아닌 필수적인 요소라 하겠다.

따라서 비즈니스 상황에 따라 필요한 기본적인 인사, 악수, 명함, 소개, 전화, 이메일 매너에 대해서 익혀서 나만의 경쟁력으로 만들어 보자.

1) 인사

(1) 인사의 사전적 의미

❶ 마주 대하거나 헤어질 때에 예를 표함. 또는 그런 말이나 행동

❷ 처음 만나는 사람끼리 서로 이름을 통하여 자기를 소개함. 또는 그런 말이나 행동

❸ 입은 은혜를 갚거나 치하할 일 따위에 대하여 예의를 차림. 또는 그런 말이나 행동

인사는 사람 인(人)자와 일 사(事)자를 쓰며 사람이 하는 일, 즉 사람들 사이에서 지켜야 할 예의를 말하며, 만나거나 헤어질 때에 예를 갖추기 위한 행동이다.

인사의 유래는 원시시대에 상대를 해치지 않겠다는 표현으로, 즉 적이 아니라는 신호를 보내기 위해 손을 위로 들거나(현재의 거수 경례), 손을 앞으로 내밀기도 했으며(현재의 악수), 허리를 굽히기도 했다(허리 굽혀 경례). 이런 행동들이 오늘날 진화해서 현재의 거수 경례나 악수, 허리 굽혀 경례하는 형태로 변화하게 된 것이다.

따라서 인사는 마음의 문을 여는 첫 단계로서 인간관계의 시작이라고도 할 수 있다.

(2) 인사의 기본자세

❶ 먼저 상대방의 눈을 정면에서 바라보고 선다.

❷ 상대방과 시선을 맞추고, 밝은 미소를 지으며 상냥하게 인사말을 건넨다.

❸ 남자는 양손을 둥글게 말아 쥐고 바지 옆선에 붙이고, 여성은 공수 자세를 취한다.

❹ 고개는 들고 다리, 등, 목을 펴고 배를 끌어당기면서 허리부터 숙이는데, 이때 발꿈치는 서로 붙이고 양발의 각도는 30도 정도로 벌린다.

❺ 상체를 서서히 굽힌다.

❻ 머리, 등, 허리선이 일직선이 되도록 숙인 상태에서 잠시 멈춘다.

❼ 상체를 천천히 들어올린다.

❽ 마지막으로 상체를 들어 올린 다음 똑바로 선 후 상대방에게 시선을 고정하며 미소를 짓는다.

(3) 공수 자세

❶ 공수자세란 손을 앞으로 모아 포개어 잡아 허리 아래로 가지런히 놓는 자세를 말한다.

❷ 공수자세는 남자와 여자가 다르고 평상시와 흉사 시에 따라 다르게 잡는다.

❸ 평상시 공수할 때는 남성은 왼손이 오른손 위로 가도록 포개어 잡고, 여자는 오른손이 왼손 위로 가도록 포개어 잡는다.

❹ 흉사 시 공수할 때는 평상시와 반대로 한다. 남자는 오른손이 위로 가도록 포개어 잡고, 여자는 왼손이 위로 가도록 잡는다.

❺ 단 제사는 흉사가 아니므로 평상시 공수자세를 한다.

공수자세 좋은 예

공수자세 나쁜 예

(4) 인사의 종류

❶ 목례 : 가벼운 인사, 15도

- 상대 : 자주 마주친 상대나 동료, 낯선 어른
- 인사방법 : 목례는 가벼운 인사로, 15도 정도 상체를 굽히면서 시선은 발끝 2~3m 정도의 앞쪽을 바라본다.
- 상황 : 동료나 친한 사람, 윗사람이나 아랫사람을 자주 마주칠 때, 복도나 통로, 엘리베이터 안, 화장실 안과 같은 좁은 장소에서 만났을 때, 낯선 어른에게 인사하는 경우, 친절에 대해 가볍게 감사를 표현할 때

❷ 보통례 : 보통 인사, 30도

- 상대 : 어른이나 상사, 고객, 평상시 일반적인 인사
- 인사방법 : 목례와 정중례의 중간으로, 상체를 30도 정도 숙이고, 시선은 1m 앞

쪽을 바라본다.

- 상황 : 어른이나 상사에게 인사하는 경우, 고객을 맞이하거나 배웅하는 경우, 평상시 일상생활에서 하는 일반적인 인사

❸ 정중례 : 정중한 인사, 45도

- 상대 : 국빈, 국가의 원수, 집안의 어른
- 인사방법 : 공손함을 표현하기 위한 인사로, 상체를 45도 정도 숙이고, 시선은 1m 앞쪽을 바라본다.
- 상황 : 감사 및 사죄의 표현을 할 때, 국빈, 국가원수, 집안 어른 등에게 인사하는 경우, 공식석상에서의 인사, 면접 시 인사

T. P. O(Time, Place, Occasion)에 따른 인사

우리는 하루에도 수많은 인사를 하며 살아간다. 인사는 감사의 마음, 사과의 마음 등 자신의 감정을 담아 표현하기도 하고, 상황에 따라 인사를 한다. 따라서 시간(Time), 장소(Place), 상황(Occasion)을 고려해서 인사를 해야 한다.

2) 악수

악수의 유래는 수백 년 전 사람들 사이에서 손에 무기가 없다는 것을 증명하기 위해 악수를 하였다고 한다. 오늘날 악수는 인사, 화해, 감사 따위의 뜻을 나타내기 위하여, 두 사람이 각자 한 손을 내밀어 마주 잡는 것으로, 비즈니스상에서 악수는 많이 사용되므로, 호감 가는 첫인상을 남기기 위해 올바른 악수 매너를 습득하도록 한다.

(1) 악수의 기본 원칙

❶ 악수는 오른손으로 하는 것이 원칙이다.

❷ 상대방과 시선을 맞추며 미소를 지으며 악수한다.

❸ 악수는 똑바로 선 자세에서 해야 하지만, 우리나라의 경우 상급자와 악수를 할 때 하급자는 존경의 뜻으로 허리를 살짝 숙이는 정도는 무방하다.

❹ 상대방이 악수를 청할 때 남성은 반드시 일어서야 하지만, 여성은 앉은 채로 악수를 받아도 된다. 하지만, 젊은 여성일 경우에는 일어서서 악수를 하는 것이 좋다.

❺ 악수를 할 때 적당한 악력으로 손을 가볍게 상하로 흔든다.

(2) 악수를 청하는 순서

악수를 청할 때, 상대에 따라 순서가 있는데 다음과 같은 순으로 한다.

❶ 상급자가 하급자에게 한다.

❷ 직위가 높은 사람이 직위가 낮은 사람에게 한다.

❸ 선배가 후배에게 한다.

❹ 여성이 남성에게 한다.

❺ 기혼자가 미혼자에게 한다.

그러나 대통령, 왕족, 성직자 등은 이러한 기준에서 예외가 될 수 있다.

(3) 악수할 때 주의할 점

❶ 오른손에 물건을 들고 있는 경우 왼손으로 옮겨들고 반드시 오른손으로 악수를 한다.

❷ 상대가 악수를 청할 시 이를 받아주지 않는 행위는 상대방을 무시하는 것이므로 주의한다.

❸ 손에 힘을 너무 꽉 쥐는 것도, 너무 힘을 빼서 손가락 끝만 살짝 잡는 것도 상대방에게 불쾌감을 줄 수 있으므로 주의한다.

❹ 손에 땀이 났을 경우에는 상대방에게 불쾌감을 줄 수 있으므로 반드시 물기를 깨끗이 닦고 악수한다.

❺ 장갑을 착용했다면 남자는 벗는 것이 예의지만, 여자는 벗지 않고 악수를 해도 된다.

3) 명함

명함은 비즈니스상에서 처음 상대방과 만났을 때 자신의 신분을 알리는 데 사용되기 때문에 자신을 표현하고 소개하는 수단이며, 인간관계 형성에 중요한 매개체 역할을 한다. 또한 자신의 얼굴과도 같은 것이기 때문에 자신의 명함뿐만 아니라 상대방의 명함을 소중히 다루어 호감 가는 이미지를 심어줄 수 있다. 따라서 명함을 주고받는 매너와 예절에 대해 알아보도록 하자.

(1) 명함을 줄 때

1. 명함은 직위가 낮은 사람이 직위가 높은 사람에게 건넨다.
2. 명함을 줄 때는 반드시 일어서서 오른손으로 준다.
3. 명함지갑에서 깨끗한 명함을 꺼내서, 자신의 소속과 이름, 인사말과 함께 건넨다.
4. 상대방이 읽기 편하게 자기의 이름이 상대방 쪽을 향하도록 건넨다.
5. 명함을 건네는 위치는 상대방의 가슴높이가 적당하다.

(2) 명함을 받을 때

1. 명함을 받을 때 가볍게 목례하며 두 손으로 받아 예의를 표한다.

❷ 상대방에게 받은 명함을 바로 명함지갑에 넣지 않고, 반드시 상대의 회사 및 소속, 직책, 이름을 확인한다.

❸ 모르는 한자나 외국어일 경우 그 자리에서 물어본다.

❹ 명함을 받을 때에는 허리 아래로 내려가지 않도록 주의해서 받는다.

❺ 자리를 마무리하고 인사를 나누면서 받은 명함은 명함지갑에 집어 넣도록 한다.

(3) 명함 관리

❶ 자신의 명함을 항상 여유 있게 준비해서 사람을 만난다.

❷ 명함을 받은 그날 돌아와서 잊어버리지 않도록 명함의 여백에 만난 일자, 용건, 상대방의 특징 등을 메모해 둔다.

❸ 명함철에 분류할 경우 회사별, 업종별로 정리해 둔다.

(4) 명함 매너 주의사항

❶ 명함을 받자마자 확인 없이 곧바로 집어넣지 말고, 받은 명함을 정성껏 읽어 본 다음 넣는다.

❷ 뒷주머니나 하의 주머니에 넣지 말고 명함 지갑에 넣는다.

❸ 받은 명함을 구기거나 글씨를 쓰거나 낙서를 하지 않는다.

❹ 받은 명함을 그대로 두고 가지 않는다.

❺ 상대방의 명함만 받고 자신의 명함을 건네지 않는 것은 실례이다.

4) 소개

소개는 처음 모르는 사람들이 만났을 때 인간관계를 형성하기 위해서 서로 자신을 상대방에게 알려주는 행위로 비즈니스에서 매우 중요하다. 사람을 처음 만났을 때 받게 되는 인상은 오랫동안 기억에 남게 된다. 그렇기 때문에 비즈니스상의 실수를 줄이고 호감 가는 인상을 주기 위해서 소개하는 순서 및 올바른 소개 매너를 익히도록 하자.

(1) 소개 순서

❶ 지위가 낮은 사람을 높은 사람에게 소개한다.

❷ 연소자를 연장자에게 소개한다.

❸ 후배를 선배에게 소개한다.

❹ 남성을 여성에게 소개한다.

❺ 미혼자를 기혼자에게 소개한다.

(2) 자신을 소개할 때

❶ 비즈니스와 관련되어 소개를 할 때에는 자신의 성명, 회사, 소속, 담당업무 등을 간략하게 소개하는 것이 좋다.

❷ 일반적인 모임에서는 상대방에게 부담을 줄 수 있으므로 자신의 직급을 미리 언급하는 것은 좋지 않다.

❸ 자신을 소개함과 동시에 인사말과 미소를 짓는다.

❹ 자신을 지나치게 낮추는 것도 과장하는 것 모두 좋지 않다.

(3) 소개 매너

❶ 동성끼리 소개하거나 받을 때 모두 일어서는 것이 예의이다.

❷ 남성이 여성을 소개받을 때에는 일어나서 받지만, 여성이 남성을 소개받을 때는 반드시 일어날 필요는 없다.

❸ 소개를 할 때는 각자 자신의 소속, 직책, 이름을 정확하게 말한다.

❹ 외국인이 참석한 경우 대화가 가능한 사람이 소개한다.

❺ 연장자, 상급자, 성직자를 소개받을 때는 남녀에 상관없이 일어나는 것이 원칙이지만, 환자나 노약자일 경우에는 예외이다.

5) 전화

(1) 전화응대의 중요성

비즈니스에 있어서 전화는 빠른 일처리를 가능하게 해주고 피드백을 즉각적으로 주고받을 수 있기 때문에 커뮤니케이션의 중요한 수단으로 사용된다. 전화는 상대방의 얼굴을 직접 대면하지 않고 음성, 언어만으로 대화가 이루어지기 때문에 올바른 전화응대의 태도만으로 상대방에게 신뢰를 얻을 수 있기도 하고, 때로는 상대방에게 불쾌감을 심어줄 수도 있다.

직장에서 이루어지는 업무의 대부분이 전화로 시작해서 전화로 끝난다고 해도 과언이 아닌데, 많은 사람들은 전화응대를 어렵게 생각하거나, 소홀히 대하기 일쑤이다. 자신의 전화응대 태도만으로 회사의 이미지를 높일 수도 있고, 반대로 회사 전체 이미지를 손상시킬 수도, 치명적 손실을 가져올 수도 있기 때문에 '내가 회사의 주인'이라는 마음가짐과 자세로 전화응대에 임해야 한다.

따라서 바람직한 전화응대를 익혀서 성공적인 비즈니스와 고객만족 서비스를 이루기 위해 전화 매너와 예절을 지키도록 한다.

(2) 전화응대의 특성

❶ 전화응대 방법에 따라 회사의 이미지가 결정된다. 전화통화로 모든 것이 결정나기 때문에 항상 신중하게 전화 응대를 한다.

❷ 고객과 나의 얼굴 없는 만남이다. 직접 대면하여 이루어지는 것이 아니기 때문에 친절하고, 밝고, 정중하게 대화한다.

❸ 전화는 예측 없이 일방적으로 이루어지기 때문에 예고 없이 찾아오는 방문객이다.

❹ 전화는 비용이 발생한다. 고객을 위해 무료로 전화를 개설해 놓은 것이 아니라면 일반적으로 전화를 걸면 비용이 발생하기 때문에 고객이 시간과 비용을 들여 전화하는 만큼 성의 있게 전화응대를 한다.

❺ 전화는 보안성이 없다. 기업에서는 정보 확인이나 서비스품질 향상을 위해 고객에게 사전 양해를 구하고 녹취하는 것이 보편화되어 있다. 이와는 반대로 고객 또한 스마트폰의 사용으로 전화내용을 녹취하는 경우도 있는데, 전화응대는 단순히 고객과 직원 두 사람의 일대일 정보 공유가 아닌, 회사 전체와 고객 간의 정보 공유로 봐야 할 것이다.

(3) 전화응대의 3요소

❶ 신속

전화벨이 3회 이상 울리기 전에 받도록 하고, 늦게 받았을 경우에는 "늦게 받아 죄송합니다"라는 사과의 말을 한다.

> **전화응대 3·3·3 기법**
>
> 전화벨이 **3번** 울리기 전에 받으며,
> 통화는 간결하게 **3분** 이내로,
> 통화 종료 시 상대방이 전화를 끊은 후 **3초** 후에 수화기를 내려놓는다.

❷ 정확

상대방이 원하는 정보와 용건을 정확하게 파악하여, 발음은 또박또박 분명하게 하며, '5W2H 법칙'을 활용한 메모를 한다.

> **5W2H 법칙**
>
> 누가(Who), 언제(When), 어디서(Where), 무엇을(What), 왜(Why), 어떻게(How), 얼마나(How much)의 원칙에 따라 용건을 빠뜨리지 않도록 메모한다.

❸ 친절

상대방을 존중하는 마음으로 상냥한 어조와 친절한 목소리, 미소를 지으며 예의바르게 응대한다.

(4) 전화를 걸 때

❶ 전화를 걸기 전 용건을 메모지에 미리 정리하고 전화한다.

❷ 전화를 거는 곳의 시간, 장소, 상황이 적절한지 체크를 한다.

❸ 밝은 목소리로 인사하며 자신의 소속과 이름을 밝히고, 상대방의 소속, 이름을 확인하다.

❹ 상대방을 확인한 후, 통화 가능 여부를 물어보고, 용건에 대해 간결하고 명확하게 전달한다.

❺ 용건을 마치면 끝인사를 하고 마무리한다. 일반적으로 업무 전화는 거는 쪽이 먼저 끊으나, 상대방이 윗사람일 경우에는 아랫사람이 나중에 끊는 것이 예의이다.

(5) 전화를 받을 때

❶ 전화기 옆에 메모지와 필기구를 항상 준비해 둔다.

❷ 전화벨이 울리면 하던 일을 잠시 멈추고 신속하게 왼손으로 수화기를 들어 받는다. (벨이 3회 이상 울린 후 받았을 경우에는 사과의 인사말을 먼저 한다.)

❸ 인사말과 함께 자신의 소속, 이름을 밝힌다.

❹ 전화를 건 상대방을 확인하고, 중요한 용건은 확인하면서 메모하며 듣는다.

❺ 통화내용에 대해 중요한 사항은 복창하여 재확인 후 이상이 없으면 마무리 인사를 한다. 끝인사 후 상대방이 수화기를 내려놓는 것을 확인한 후 조용히 수화기를 내려 놓는다.

(6) 상황별 전화응대

구분	예시
전화를 연결할 경우	"잠시만 기다려 주십시오. 연결해 드리겠습니다." "네, 연결해 드리겠습니다. 만약 전화가 끊어지면 000-0000번으로 다시 하시면 됩니다."
전화 받는 사람이 부재중일 때	"지금 자리에 안 계신데, 괜찮으시다면 메모를 남겨주시면 전해 드리겠습니다."
전화가 잘못 걸려 왔을 때	"여기는 OO회사입니다. 전화를 잘못 거신 것 같습니다." "실례지만 몇 번으로 전화하셨습니까? 여기는 OO회사입니다."
통화 중에 상대를 기다리게 할 때	"죄송합니다만, 시간이 좀 걸릴 것 같습니다. 알아보고 곧 다시 걸겠습니다."
전화가 도중에 끊겼을 경우	"전화가 끊어 졌습니다. 죄송합니다."
항의 전화를 받았을 경우	불만을 끝까지 경청한 후, "정말 죄송합니다. 고객님 입장을 충분히 공감하고 이해합니다." "정말 죄송합니다. 제 선에서는 처리가 어려울 것 같으니, 제가 알아본 후, 책임자를 연결해 드리겠습니다."

사례

제품에 대한 불만고객과 직원 간의 전화상황

직원 : 안녕하십니까~ OO회사 경영기획실 사원 OOO입니다.

고객 : 제품에 하자가 있는 것 같은데 환불받고 싶은데요.

직원 : 잠시만요. (수화기 너머로 다른 직원에게 물어보며...) 대리님 우리 회사 제품에 불만이 있어서 전화가 온 거 같은 데요. 누구를 연결해 줘야 할까요?

(시간이 조금 흐른 뒤..)

직원 : 제품을 언제 주문하신 거죠? 혹시 사용을 하셨나요?

고객 : 제품을 일주일 전에 주문해서 사용하는 중에 고장이 났어요.

직원 : 잠시만요. (수화기 너머로 다른 직원에게 다시 물어보며...) 대리님~ 일주일 전에 주문해서 사용한 제품이라고 하는데 고객 서비스 센터로 연결해 줘야 할까요? 아니면 품질 부서로 연결해 줘야 할까요?

(시간이 또 흐른 뒤...)

직원 : (다시 고객에게) 이름이 어떻게 되세요?

고객 : (고객이 화난 목소리로) 저기요!! 제가 지금 전화한 부서가 해당 처리부서가 아니라면 담당부서로 연결해주면 되잖아요!! 당신 거기 직원 아니 예요?

직원 : 네? 여기 직원 맞는데요.

고객 : 그러면 이 문제를 처리할 수 있는 팀장이나 해당부서 연결해주세요!

직원 : 잠시만요. (수화기 너머로 또 다시...) 대리님~ 팀장이나 윗사람 바꿔 달라는데 어쩌죠?

직원 : 성함이랑 연락처 남겨주시면 확인해보고 다시 연락드릴 께요.

고객 : 지금 저랑 장난 하세요?

직원 : 네? 아닌데요?

Q. 위의 전화 통화내용에서 고객이 직원의 어떤 전화응대 태도에 화가 났으며, 잘못된 전화응대 부분은 무엇인가? 올바른 전화응대로 내용을 바꿔보자.

6) 이메일

현대의 비즈니스 환경은 정보통신의 발달로 컴퓨터와 휴대폰을 통해 인터넷을 기반으로 시간과 장소에 구애받지 않고 비즈니스 업무를 언제 어디서든 가능하게 해주었다.

과거 문서나 편지를 전달하는 전통적인 우편 시스템에서 이메일은 인터넷 사용자 간의 전자적 주소를 통해 거리나 시간에 관계없이 무료로 신속하게 파일을 송수신할 수 있는 환경을 가능하게 해주었다. 이메일로 인해 비즈니스 커뮤니케이션 환경은 더욱 빠르고 용이하게 일을 처리할 수 있게 하였다.

이메일은 빠르고 손쉽게 주고 받을 수 있는 장점이 있는 반면, 단점도 존재한다. 이메일의 장점과 단점, 올바른 비즈니스 이메일 작성법에 대해 학습하도록 한다.

(1) 이메일의 장점

❶ 신속하게 전달되는 메시지이다.

❷ 무료로 이용한다.

❸ 손쉽게 정보를 공유할 수 있다.

(2) 이메일의 단점

❶ 보안이나 정보유출에 취약하다.

❷ 전송버튼을 누르는 순간 되돌릴 수 없다.

❸ 불필요한 스팸메일이 넘쳐나게 된다.

(3) 이메일 작성법

❶ 제목

이메일 작성 시 제목은 수신자가 문서의 내용을 짐작할 수 있도록 한눈에 알 수 있는 제목이거나 흥미를 보일만한 제목으로 작성하는 것이 좋다. 넘쳐나는 메일 속에서 사람들은 제목을 보고 읽을지 여부를 판단하기 때문이다. 따라서 비즈니스 이메일을 보낼 때에는 상대방의 주의를 끌거나 본문의 내용을 함축해서 알 수 있는 제목으로 작성해야 한다.

예를 들면 제목 앞에 〈 〉와 같은 글머리 기호를 활용하여 〈알림〉, 〈공지〉, 〈연락사항〉, 〈참조〉 등을 앞에 넣고 제목을 쓴다면 상대방을 배려한 좋은 제목이라고 할 수 있다.

❷ 본문 내용

본문의 내용은 간단하게 정리하여 핵심 메시지만 포함할 수 있도록 작성한다. 이메일은 일반적인 글쓰기 형식과 마찬가지로 서론–본론–결론으로 작성한다.

이메일의 도입부인 서론 부분에는 비즈니스 관계에서의 딱딱하고 사무적인 느낌을 완화시킬 수 있도록 인사말이나 안부글, 날씨 등을 반영하여 부드러운 느낌을 주도록 하며, 본인의 소속과 이름을 밝힌다.

비즈니스 이메일의 본론 내용은 간결하게 작성하여 메일의 내용을 한 눈에 파악할 수 있도록 하는 것이 좋은데, 문장이나 내용이 달라지는 곳에서는 줄을 바꾸는 등 상대방이 읽기 쉽게 쓰도록 한다.

마지막 결론인 끝부분에 내용은 부수적인 내용과 첨부 파일 여부를 설명하고, 간략한 끝인사나 좋은 글귀를 써서 비즈니스 관계에서 좋은 인상을 남기도록 메일의 내용을 마무리하도록 한다.

❸ 발신자

발신자는 수신인에게 메일을 읽지 않고도 상대가 보낸 사람이 누구인지 확인이 가능하도록 실명으로 작성한다. 이메일 끝에는 서명란을 활용하여 상대방이 쉽게 연락을 할 수 있도록 작성해두면 편리하다. 서명란에는 발신자의 기본정보인 이름, 직책, 회사명, 부서명, 회사 주소, 회사 전화번호, 휴대전화번호 등을 작성해서 자동으로 설정해 둔다.

❹ 수신인

이메일을 받는 사람은 수신인, 참조인, 숨은 참조인 으로 3가지 형태로 구분된다. 수신인 항목은 메일 내용을 직접적으로 받는 사람에게 해당한다.

메일을 동시에 여러 명에게 보낼 때 사용하는 기능이 바로 '참조'와 '숨은 참조' 기능이 있다. 참조인은 메일 내용을 직접적으로 받는 수신인은 아니지만 메일 정보를 공유하는 사람으로 메일을 받는 사람 모두에게 메일의 주소가 표시되는 것이고, 숨은 참조인은 이메일 수신자와 내용을 똑같이 파악할 수 있지만, 수신인은 숨은 참조인을 알 수 없다.

참조와 숨은 참조의 기능은 정보를 누구와 공유할 것인가의 문제이기 때문에 경우에 따라서 잘 구분해서 사용하도록 한다.

❺ 첨부파일

- 첨부파일이 있는 경우 파일을 첨부했다는 내용을 제목 또는 본문에 기재한다.
- 파일을 첨부할 경우 파일명에 내용을 알 수 있도록 제목을 작성한다.
- 첨부파일을 넣지 않고 메일을 보내는 일이 생기지 않도록 다시 한 번 파일 첨부 여부를 체크한다.
- 첨부파일은 용량을 압축해서 보내고, 파일이 잘 열리는지 체크하고 보내도록 한다.

사례

당신이 경험한 직장 내 '비 매너'는?

최근 포스코 경영연구원이 '직장 내 젠틀맨, 성공할 수 있는가?'라는 제목의 이슈리포트를 발표했다. 보고서는 '직장 내 비 매너 행위'의 유형을 3가지로 분류했다.

첫 번째, 창피주기이다. 빈정대는 말이나 공연한 트집, 공개적으로 실수를 지적하는 등 주로 언어적 모욕으로 상대방 자존심을 상하게 하는 행위를 말한다.
두 번째, 소극적 적대행위다. 직접적으로 상대를 공격하지는 않지만, 반복적으로 상대방에 대한 부정적 분위기를 만들고, 본인에 대한 피드백을 '공격'으로 받아들이고 크게 화내는 행위도 이에 해당한다.
세 번째, 업무방해다. 협조가 필요한 업무임에도 불구하고, 상대방의 매너 있는 요청에도 납득하기 어려운 이유를 들어 거절하는 행위를 말한다.

영국의 한 연구결과에서는 "직원들은 매너 있는 동료를 무례한 동료보다 2배 더 실질적인 리더로 인식하고, 정보를 공유하고 싶은 마음도 59% 높아진다"고 전했다.
보고서는 "경영진과 직원 사이에서 행해지는 '비 매너' 행위는 개인 문제가 아닌 회사 리스크로 봐야 한다"고 강조한다.

'젠틀맨'이 성공하기 위해선 개인이 '인성과 실력'을 키우는 것 이외에도 조직 차원의 노력이 필요하다고 봤는데, 비 매너 행동은 직원들 사이에서 쉽게 퍼지기 쉬운 '썩은 사과' 같은 것이어서, 조기에 발견해 조치해야 한다. 또한 비 매너 상담센터를 운영하거나 '비 매너와 매너' 사례를 공유하는 등의 노력도 기울여야 한다고 보고서는 지적했다.

출처 : 경향신문 곽희양 기자 2017.12.20. 일자

Q. 영화 '킹스맨'의 명대사 '매너가 사람을 만든다(Manners make the Man)'라는 말처럼 직장 내에서 비즈니스 매너를 지키는 것이 중요하다. 직장 내 혹은 일상생활에서 겪은 좋은 매너와 비 매너의 경험을 공유해 보자.

Worksheet

1. 매너와 에티켓의 차이점은 무엇인지 발표해 보자.

2. 직장생활에서 비즈니스 매너를 왜 지켜야 하는지 이유를 생각해 보자.

3. 인사의 기본자세를 익히고, T.P.O에 따른 인사법을 실습해 보자.

4. 비즈니스 매너에서 악수, 명함, 소개를 할 때 상대방에 따라 어떤 순서로 해야 하는지 실습해 보자.

Worksheet

5. 본인이 경험한 '친절한 전화응대 사례' 혹은 '불친절한 전화응대 사례'를 공유해 보자.

6. 상황별 전화응대 실습을 해보자.
   - 잘못 걸려온 전화를 응대하는 경우
   - 전화 건 사람을 오래 기다리게 할 경우
   - 통화 음질이 좋지 않아서 잘 들리지 않을 경우

7. 올바른 비즈니스 이메일을 작성하기 위한 방안에는 어떤 것이 있는지 생각해 보자.

Chapter 07

목소리 연출 기법

1. 매력적인 보이스메이킹

2. 목소리 연출 기법

3. 프레젠테이션 전달 능력

학습목표

1. 목소리의 중요성을 알고 복식호흡과 정확한 발음과 리듬 있게 말할 수 있다.
2. 신뢰감과 친화력을 높이는 목소리 연출법을 설명할 수 있다.
3. 매력적인 프레젠테이션을 위해 필요한 전달능력에 대해 알 수 있다.

1 매력적인 보이스메이킹

1) 보이스의 중요성

(1) 목소리의 이해

2009년에 한 가수 오디션 프로그램의 참가자들의 놀라운 재능이 화제가 된 적이 있었다. 당시 여성 참가자 중 다른 참가자와 달리 언뜻 보기에 형편없는 외모, 수더분한 모습과 어눌하고 세련되지 못한 말투까지 모든 청중과 심사위원은 그녀에게 큰 관심이 없었고 형편없는 외모에 심지어 비웃기까지 하는 모습이 느껴졌다. 그러나 잠시 후 그녀가 노래를 시작하자 청중은 모두 놀라면서 기립 박수를 쳤고, 심사위원조차도 그녀에게 뜨거운 찬사를 보냈다. 그녀가 불렀던 노래는 레미제라블의 'I Dreamed a Dream'으로 전 세계인의 관심을 끌게 되었다. 그녀의 이름은 바로 수잔 보일이다. 그녀는 2007년 영국 리얼리티 프로그램 '브리튼즈 갓 탤런트(Britain's Got Talent)'에서 우승한 폴 포츠를 보고 오디션 참가를 결심했다고 한다. 많은 사람들은 수잔 보일에게 열광했고 그녀에 대한 뉴스기사는 전 세계로 퍼져

나갔다. 이 일로 수잔 보일은 유명회사와 가수계약을 하고 자신의 꿈인 앨범을 발매하게 되었다. 그녀는 목소리 하나로 인생역전을 이뤄낸 것이다.

목소리가 왜 중요하다고 생각하는지 함께 알아보도록 하자.

언어적 표현의 기본은 '목소리'이다. 우리가 소리를 무의식적으로 나오는 대로 뱉어내게 되면 교양이 없는 사람이라는 이미지를 주고 반대로 사무적으로 딱딱하게 말하면 차가운 사람이라는 이미지를 부여받게 된다. 따라서 발성은 최소한 상대방이 듣기에 자연스러운 조화를 이뤄낼 수 있도록 좋은 느낌을 주도록 한다.

좋은 목소리는 어떻게 정의를 내린다면 고음, 중, 저음의 주파수가 골고루 섞인 내용에 따라 목소리의 다양한 변화를 줄 수 있는 목소리를 말한다. 즉 한음에 고저(高低)를 다 사용할 수 있는 목소리를 말한다. 그 이유는 말을 오래 들어도 지루함이 없고 그 말속에 푹 빠지게 만들어주는 편안한 목소리를 말한다.

목소리의 변화요소

❶ **크기(Volume)** : 평균 목소리의 크기보다 크게 하거나 작게 한다(공간의 규모가 크면 크게, 작으면 작게).

❷ **빠르기(Rate)** : 상황에 따라 빠르게 말하거나 천천히 의도적으로 느리게 완급조절한다. 너무 빠르면 내용에 집중할 수 없고 너무 느리면 지루할 수 있다.

❸ **높이(Pitch)** : 현장감과 생생함을 위해 억양을 준다.

❹ **쉬기(Phrasing)** : 문장 중간중간에 쉼을 준다.

❺ **강조(Emphasis)** : 내용에 따라 중요한 부분에 강세를 준다.

목소리는 그 사람의 인격을 평가하고 평가받기도 한다. 그래서 옛부터 그 사람을 평가하는 데 '신언서판'이라는 말을 사용하였는데, 고사성어로 유래를 보면 중국 당나라 때 관리를 등용하는 시험에서 인물을 평가하는 기준으로 삼았던 것을 바로 '신언서판'으로 표현한다. 그 네 가지 요소는 몸, 말씨, 글씨, 판단이었다고 한다.

그만큼 당신이 어떤 말씨를 갖고 있고, 어떤 목소리로 표현되느냐가 자신의 이미지를 결정하는 데 아주 중요한 역할을 한다는 것이다.

우리가 사람을 처음 만나 대화를 하면서 상대방의 목소리가 좋으면 이유없이 호감을 느끼기도 하고 반대로 목소리가 좋지 않으면 상대방에 대한 좋은 이미지가 부정적인 이미지로 추락하기도 하는 것처럼 목소리는 당신이 전하는 말의 내용을 매력적으로 만들어주는 가장 중요한 포장지 같은 이미지가 되기도 한다.

어른들과 선생님의 말은 늘 옳은 말이다. 그러나 우리는 그 말을 옳게 듣지 못하고 잔소리나 쓸데없는 우려라고 일축하기도 한다. 그 내용을 살펴보면 매우 논리적이고 삶을 살아가는 데 필요한 요소이다. 그럼에도 불구하고 듣기 싫은 소리라고 폄하하는 이유는 한코너로 몰아가며 매섭게 쏟아내는 말과 권위적인 말투와 제스처 등이 혼란스럽게 하기 때문이다. 이처럼 내용도 중요하지만 전달하는 목소리와 제스처가 얼마나 중요한 요소인지 알 수 있을 것이다.

매력적인 목소리를 한마디로 정의할 수는 없다. 목소리는 소리 하나로 이뤄진 것은 아니다. 그래서 전달력이 좋은 목소리가 매력의 첫 번째 요소가 될 것이다. 매력적인 목소리를 위해 필요한 요소 중 하나는 호흡에 있다. 복식호흡에 대한 개념을 그림을 통해서 설명하면, 복식호흡은 숨을 들이마셔 아랫배가 팽창된 상태에서 울림의 소리를 만들어 내는 것이 중요하다.

복식호흡을 훈련할 때는 들이마시는 것보다 내쉬는 것을 먼저 하는 것이 더 쉽다. 숨을 내쉬며 살짝만 아랫배를 등 쪽으로 당긴 후 다시 당겼던 힘을 놓는다. 호흡할 때 중요한 점은 아랫배를 당길 때, 어개가 머리 위로 올라가게 끌어올리는 것이 아니라 어깨, 가슴의 움직임이 없도록 편평하게 아랫배를 등 쪽으로 당겼다가 다시 한 번 당겼던 힘을 놓고, 같은

복식 호흡 훈련표

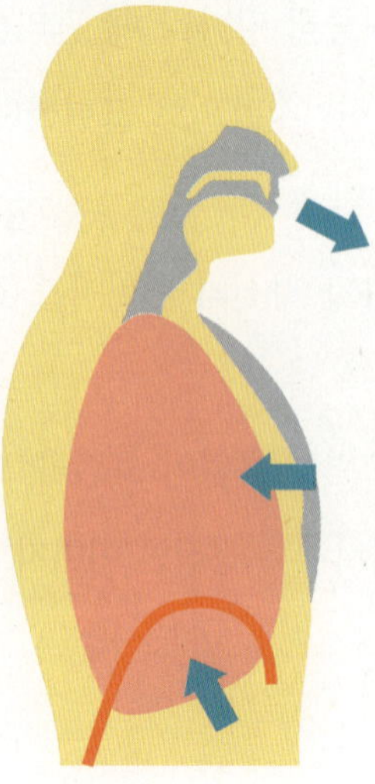

방법으로 반복하며 훈련을 하면 된다.

매력적인 목소리를 위해서는 말을 할 때 끝까지 힘 있게 하는 것이 중요하며, 힘 있는 소리를 위해서는 힘 있게 호흡을 내뱉어야 하기 때문에 긴 호흡보다는 짧은 호흡이 필요하다. 그래서 자세가 중요하며 스스로가 최대한 몸의 긴장감을 없애는 것이 중요하다. 특히 어깨와 턱에 긴장감을 많이 가지는데 어깨가 귀랑 가까우면 목에 무리를 주게 되고 턱을 많이 당기는 습관도 목이 꺾이며 소리가 아래로 떨어질 수 있기 때문에 말할 때 좋지 않다. 그래서 자신의 자세는 스스로 인지하기 어렵기 때문에 말하는 소리를 직접 녹음해서 듣고 부족한 부분을 고치며 연습하는 것이 좋다.

평상시 자신의 말하는 습관을 돌아보며 호감과 설득력 있는 목소리를 전달하기 위해 어떤 노력을 해야 할지 생각해 보자.

---

2 목소리 연출 기법

1) 목소리 활용

(1) 좋은 목소리 조건

매력적인 목소리는 사람의 마음을 움직이는 힘을 갖게 하고 내용을 전달하는 데 큰 영향을 준다. 구체적인 사례를 살펴보면 영국의 마가렛 힐다 대처(Margaret Hilda Thatcher) 수상은 그가 젊은 시절, 날카로운 음성을 가졌던 그녀는 그 소리를 의식하고 좀 더 나직하고 신뢰감 있는 연설을 하기 위해서는 목소리가 중요하다는 것을 알고, 남성과 여성의 중간음으로 교정하기 위해 많은 시간과 노력을 통해 호소력 있는 음성으로 바꾸는 데 성공하였다. 또 영국의 전 수상, 윌리엄 글레드스톤(William E. Gladstone)은 개인적으로 좋아하는 글을 평상시 자주 인용하기도 한다. "스피치와 음성을 훈련시키는 데 들인 시간과 돈은 그 어느 것보다 보상이 확실한 투자"라고 하면서 목소리의 중요성을 강조했다. 사람의 첫인상을 결정하는 요소 중 청각적 요소, 즉 목소리가 이미지에 미치는 영향이 38%를 차지한다고 앞에서도 언급한 바 있듯이 아무리 외모가 훌륭하더라도 음성만으로 좋은 느낌이 반감될 수 있다.

반대로 상대방의 모습에 다소 실망을 했다 하더라도, 대화를 하며 부드러운 목소리와 말투로 대화를 한다면 시각적 요소의 단점이 보완될 수 있다는 점만 봐도 좋은 목소리는 이유 없이 호감과 좋은 이미지를 각인 할 수 있는 좋은 요소이다.

또한 목소리는 화자의 감정과 태도를 전달하는 기능도 하며 문장 중간의 적절한 곳에서 끊으면서, 적절한 억양을 구사하는 것도 중요하다.

호감도 있는 목소리를 유지하기 위해서는 안정적 호흡과 자신의 발성기관에 맞는 소리를 찾아야 한다. 자신의 체형에 맞는 최적의 소리, 즉 진성을 찾는 것이 필요한 것이다.

좋은 소리가 나오기 위해서는 4개의 기관이 작동했을 경우에 가능하다. 발동기관, 발성기관, 공명기관, 조음기관이 작동해야 하는 요소로 우선 자세를 바르게 했을 때 소리의 값이 달라진다. 또한 횡격막으로 숨을 쉬는 복식호흡을 했을 때 안정되고 공명 있는 소리를 낼 수 있게 된다. 그러기 위해서는 배로 숨을 쉬는 복식호흡이 중요하며 꾸준한 연습을 통해서 체계적으로 관리해야 한다.

내가 생각하는 나의 목소리는

좋은 목소리를 연출하기 위해서는 꾸준한 호흡과 발음, 강조와 쉬기 등 연습이 필요하다.

❶ 호흡법

첫 번째 숨쉬기를 할 때는 복식호흡을 한다. 안정되고 떨림 없는 발성으로 소리를 내도록 하며 발음을 할 때는 천천히 또박또박 명료하고 바르게 발음하며 끝을 애매하게 흐리지 않도록 한다.

말을 시작하거나 중간 중간에 속도가 적절해야 하며 목소리의 크기는 장소와 상황에 따라 조금씩 달라지도록 한다. 또 우리가 흔히 실수하기 쉬운 부분으로 음절의 긴소리와 짧은 소리를 적절히 발음하도록 하며 마지막으로 강조할 곳은 힘을 주어 천천히 말을 하며 스피치하는 중간 중간 적당한 곳에서 포즈를 주며 목소리 외에도 말의 억양, 발음, 속도, 강조하는 부분 등을 고려하여 말하는 것이 중요하다.

그럼 좋은 목소리를 위한 공명 법부터 좀 더 자세히 알아보도록 하자.

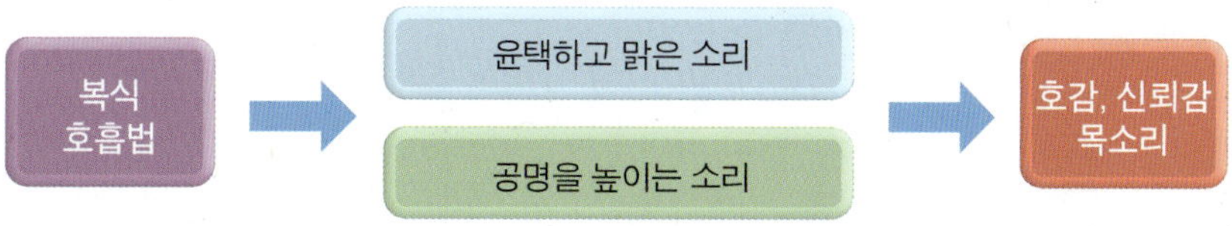

스피치를 할 때는 말의 고저가 있고 완급이 있어야 청자들의 관심과 호감을 이끌어 낼 수 있다.

호흡 늘리는 방법으로는 먼저 코로 '들숨'을, 입으로 '날숨' 후하며 이때 중요한 것은 들이마시는 숨보다 내뱉는 호흡을 더 길게 20초 이상 유지하도록 한다.

목소리는 크게 두 가지로 하나는 윤택한 소리, 또 하나는 울림의 소리인 공명으로 이루어져 있다.

다음 그림표를 보고 머릿속으로 그려보도록 하자.

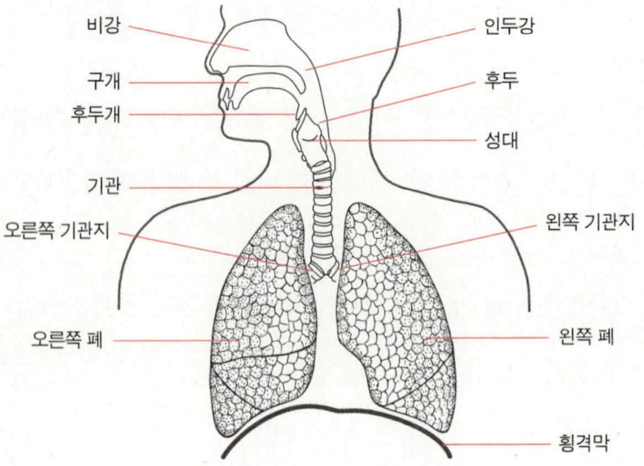

사람들이 많이 오해하는 것 중 하나가 좋은 목소리는 타고난다고 생각하는데 물론 어느 정도 타고나는 것도 있겠지만 꾸준한 훈련을 통해 후천적으로 좋아지는 것이다.

순수한 목소리의 기본 톤은 변하지 않지만 충분한 훈련으로 몸속의 공간을 활용해서 소리를 만들어야 울림의 소리로 안정되고 듣기 좋은 소리로 만들어질 확률이 더 많아지게 되는 것이다. 바로 고수와 하수의 차이는 큰 것에 있는 것이 아니라 아주 디테일한 것에 있는 것이다.

❷ 발음법

발음이 정확해야 좋은 목소리로 평가되는데 발음은 말의 소릿값을 의미한다. 정확한 발음을 위해서는 목소리의 길이를 조절해야 한다. 목소리의 길이는 한 음절을 얼마의 시간동안 끌어내며 발음하느냐는 것이다. 같은 단어라도 소리가 길고 짧음에 따라 전혀 다른 뜻의 낱말이 되기도 하기 때문이다. 발음을 정확히 하려면 입으로 모음을 정확하게 소리를 내 주면 도움이 된다.

우리가 이야기를 할 때 특히 발음은 입을 조금 더 크게 부지런히 움직이면 큰 차이가 있다. 하지만 대다수의 사람들은 방법을 모르거나 혹은 귀찮다는 이유로 발음을 중요하다고 생각하지 않는 경우가 허다하다.

결국 입을 부지런히 움직이는 사소함 하나로 상대방은 나의 목소리의 호감도를 결정하기도 한다.

다음으로 신뢰감과 친화력을 높이는 목소리 연출법으로는 먼저 어미를 길게 끌지 않고, 말의 끝을 올리지 않고 낮추는 방법이 있다. 간결하고 명확하게 끝내는 말투로 표현하는 게 좋다.

그럼 좋은 목소리와 발음을 위해 다음에 제시하는 문장들을 볼펜을 물고 연습해 보자.

발음·발성 연습(가로로 연습 후 세로로 연습한다)

가	갸	거	겨	고	교	구	규	그	기
나	냐	너	녀	노	뇨	누	뉴	느	니
다	댜	더	뎌	도	됴	두	듀	드	디
라	랴	러	려	로	료	루	류	르	리
마	먀	머	며	모	묘	무	뮤	므	미
바	뱌	버	벼	보	뵤	부	뷰	브	비
사	샤	서	셔	소	쇼	수	슈	스	시
아	야	어	여	오	요	우	유	으	이
자	쟈	저	져	조	죠	주	쥬	즈	지
차	챠	처	쳐	초	쵸	추	츄	츠	치
카	캬	커	켜	코	쿄	쿠	큐	크	키
타	탸	터	텨	토	툐	투	튜	트	티
파	퍄	퍼	펴	포	표	푸	퓨	프	피
하	햐	허	혀	호	효	후	휴	흐	히

❸ 리듬감과 강조

말에도 노래를 부르는 리듬감이 필요하다. 리듬을 위해서는 어떤 단어를 잘 들리게 할 것인지 강조할 부분을 체크하고 높임, 낮춤 등 글자 하나하나에 세심하게 연습되어야 한다. 높임 강조법은 말하고자 하는 중요한 단어에 음을 높여 발음하고, 낮춤강조는 반대로 강조할 부분에 차분하게 낮은 음성으로 표현해야 하며 천천히 강조하는 포즈는 모음을 하나 더 넣었다는 생각으로 길게 : 늘려서 발음하도록 한다. 기억해야 할 점은 목소리의 강조와 쉬기는 내용에 맞추어야 한다는 것이다. 강조하고자 하는 단어와 구에만 강세를 주도록 한다.

> 예)
>
> 아버지가 방에 들어가신다.

❹ 포즈(Pause)와 목소리 톤

포즈란 멈춤이 아니라 중요한 단어 앞에 일시정지임을 말한다.

목소리 톤이 높고 낮음에 따라 다른 대화의 방향성이 결정되기도 한다. 대화를 하며 적당한 톤과 부드러운 목소리가 좋은 목소리로 인식되며 너무 높지도 지나치게 낮지 않는 목소리 톤은 파와 솔의 중간 정도의 높이로 약간 힘을 주는 정도로 스스로 본인에게 맞는 목소리 톤을 훈련을 통해 찾도록 한다.

지나치게 목소리 톤이 높으면 듣는 청자가 긴장하고 피곤해질 수 있고, 반대로 톤이 너무 낮으면 신중한 느낌은 들 수 있으나 내용의 큰 영향력을 발휘하지 못할 수 있다.

그러므로 이 모든 것들을 종합해서 목소리로 구성되고 스피치로 연결이 되기 때문에 말을 할 때 포즈나 톤, 말투는 단지 목소리의 수단만이 아니라 그 사람의 스피치를 하는 전체 이미지로 결정되고 커뮤니케이션하는 수단으로 인식해야 한다.

자신의 목소리 중 개선하고 싶은 부분을 작성해 보시오.

쉬어가기

좋은 목소리 관리법

- 하루 물을 7~8잔 마시며 되도록 미지근하게 마시도록 한다.
- 지나치게 자극적인 음식, 담배, 술 등을 피하도록 한다.
- 호흡법과 발성법을 매일 10분씩 꾸준히 연습한다.
- 사용하지 않은 입안의 근육을 풀어준다.
- 좋은 컨디션을 위해 매일 아침, 저녁으로 소금(천일염)으로 가글링을 한다.
- 하루 5분 신문사설이나 좋아하는 책을 소리 내어 읽는다.
- 황사나 외부 좋지 않는 환경에 노출되었을 때는 깨끗하게 샤워 후 스팀타월을 이용해서 코와 입에 활용해 주는 것이 좋다.

3 프레젠테이션 전달 능력

1) 전달의 중요성

(1) 전달을 위한 요소

누군가를 설득해야 하는 상황이 제일 어려운 것이다. 프레젠테이션은 청중이 마음이나 가치관을 바꾸도록 발표자의 의도를 받아들이게 하는 것이며, 결정하지 못하고 방황하는 청중의 마음을 결정하게 하는 것이다.

프레젠테이션 시작 후 첫 5분 안에 청중들을 붙잡아야 한다. 가장 좋은 방법은 시작할 때에 청중들이 발표자의 발표내용을 왜 들어야 하는지에 대한 이유를 밝혀서 귀를 쫑긋하게 만들어야 한다.

프레젠테이션의 목표는 청중들의 마음을 변화시키기 위하는 것으로, 즉 발표자의 사고, 의견, 아이디어, 정보 등을 청중에게 전달하여 이해시키고, 최종적으로는 발표자가 의도한 방향으로 청중의 마음을 바꾸려는 활동인 것이다. 그러나 청중의 반응이 없거나 만족한 결과를 얻을 수 없는 이유는 분명히 있을 것이다.

따라서 청중에게 정보를 효율적으로 전달하기 위해서는 특별한 능력이 필요하며 정보를 효율적으로 전달하기 위해 도식 및 이미지를 많이 활용하여 요약 형태로 마무리해야 한다. 제공하는 정보가 지나치게 많으면 이해도 잘 되지 않을 뿐더러 주위가 산만해지기 쉬우며 제공하고자 하는 정보 그 자체가 여간 자극적이지 않는 한 청중은 끝날 때까지 쏟아지는 졸음과 씨름하게 된다. 그래서 발표자는 주위를 환기시킬 만한 도식 및 이미지를 통한 흥미와 재미가 가미되도록 탁월한 정보 변환능력이 무엇보다 필요하며 청중의 집중을 유도할 수 있는 전달능력들이 필요한 것이다.

실패한 프레젠테이션의 원인 중 하나는 무미건조하고 자신 없는 목소리라고 한다. 좋은 목소리를 연출하기 위해서 늘 태도를 점검하고 자신 있고 당당한 신뢰감 어조를 활용하는 것이다. 말하는 사람에게 청중이 기대하는 건 적극적인 태도와 부드러우면서 간결하고 명확한 스피치이다. 그러한 목소리 연출은 호흡에서부터 시작하여 강세, 억양. 포즈, 자신감, 태도가 어우러져 하나의 좋은 목소리 연출이 된다.

개선하고 싶은 나의 목소리 진단(3가지 작성)

❶ --

❷ --

❸ --

좋은 목소리 연출을 위해서 목소리는 작은 목소리보다는 큰 목소리가 좋고 톤은 조금 높여서 속도는 빠르거나 느리게 상황에 따라 조절할 수 있는 것이 좋다.

그러면 상대방에게 신뢰감과 친근감을 유발하는 목소리 연출을 위해서는 문장의 어미를 길게 끌어내지 않고 간결하게 표현하면서 임팩트 있게 단호하게 어미를 끝내주면 훨씬 신뢰감을 부여할 수 있다. 또 어미를 높이지 말고 중저음으로 낮추는 방법이 있다. 이런 느낌으로 어미를 사용하면 상대방에게 부드러운 느낌을 줄 수 있다. 우리가 대화를 하면서 많은 감정을 담고 말하는 상황이 생긴다. 말속에 담긴 느낌과 전하고자 하는 감정을 목소리에 담아 때와 장소, 목적에 따라 전달하는 것이 좋은 목소리를 연출하는 방법이 된다. 1분간 너무 많은 말을 빠르게 하는 것과 너무 천천히 다소 적게 말해도 청중에게 고통을 줄 수 있다. 또 발음속도가 너무 변하지 않아도 청중을 졸리게 한다. 완급조절은 발표자가 다른 주제, 혹은 같은 주제 안에서 다른 이야기로 넘어갈 때의 시간을 뜻한다.

만약 아주 새로운 내용이거나 고난이도의 이해력이 필요한 경우에는 청중들로 하여금 충분히 생각할 수 있는 여유를 주기 위하여 약 4초 정도의 여유를 주는 것이 바람직하다. 발음은 음악적 요소와 언어적 요소로 나뉘는데 음악적 요소는 리듬과 박자, 멜로디, 화음인 화술의 음악성을 나타내며, 언어적 요소는 언어적인 규칙을 나타낸다.

명확한 발음을 위해서는 위의 두 가지 요소를 생각하면서 충분한 속도로 자연스럽게 말할 수 있도록 하고, 입을 충분히 크게 벌리고 또박 또박 분명하게 발음해야 한다.

사람 속은 아무도 모른다. 상대방을 파악한다는 게 쉽지 않은 일인 것이다. 그러기 위해서는 프레젠테이션을 하기 전에 다음의 네 가지를 생각해 봐야 한다.

청중은 누구인지, 청중은 무엇을 원하고 듣고 싶어 하는 것인지 청중에게 어떤 가치나 이익을 줄 것인지, 청중들로부터 얻을 수 있는 것은 무엇인지 이 네 가지 질문에 답을 한 후 프레젠테이션을 해야 한다. 또 성별에 따른 청중분석도 필요하며 연령층에 따른 분석과 사회적, 경제적 위치에 따른 분석, 지식수준도 달라져야 할 것이다.

성공적인 프레젠테이션을 위해서는 내용적 측면과 행동적 측면의 스킬이 갖추어져야 함을 배울 것이다.

프레젠테이션을 잘 하기 위한 여러 가지 요소

❶ 무대공포

프레젠테이션을 잘하는 핵심은 무대공포증을 벗어나는 것으로 강단에서 자유롭게 이동하고 청중과 가벼운 눈 맞춤과 제스처를 활용하는 동작을 익숙해질 때까지 연습하는 것이 필요하다. 익숙하지 않는 장소와 환경으로 발표자에게 심적으로 부담이 오면 떨림과 불편함이 고스란히 청중하게 전달되어 공포심으로 넘어가기 때문이다.

❷ 제스처

손동작은 말을 시작함과 동시에 하는 것이 좋다. 연단에서 손짓을 하며 손등을 보이기보다 손바닥이 보일 수 있도록 하며, 발표상황에 따라 다르지만 몸 안에서 보이는 작은 제스처보다는 큰 제스처를 활용하는 것이 더 효과적이다. 손동작은 가슴 위로 들어서 하는 것이 좋고 손을 내리거나 뒷짐을 지지 않아야 한다.

의사전달에서 입으로만 말하는 오랄 프레젠테이션(Oral Presentation)을 제외한 신체의 각 부위, 즉 손이나 시선, 얼굴 표정, 몸의 움직임 등에 의한 의사표현은 보디랭귀지를 잘 활용해야 한다.

다음 자세(Posture)로는 차렷 자세보다는 편안한 자세로 잠깐 잠깐 적당한 보폭으로 청중과 시선 교환을 하며 천천히 이동할 수 있는 자세를 갖추도록 한다. 주의할 점은 서 있으며 다리를 떨거나 한쪽 발을 건들건들 움직이는 것을 주의해야 하며 주머니에 손을 넣거나 뒷짐을 진 자세로 청중에게 압박감을 유발하지 않아야 한다.

❸ 시선

시선을 어디에 둘지 몰라서 무조건 앞에만 보는 경우들이 보이기도 하는데, 시선은 청중을 주시하면서 지그재그로 고루 청중을 돌아가면서, 한 문장 정도를 말하는 정도의 시간에 한 사람씩 대화를 하는 분위기로 처리하면 좋다.

상대방과 대화하는 분위기로, 지그재그로 돌아가면서 고루 청중을 보며 자연스럽게 움직이다가 갑자기 움직임을 멈추거나, 눈에 힘을 준다거나, 강조하기 전에 침묵한다거나, 제스처를 크게 하도록 한다.

❹ 자신감

어떤 내용을 강조할 때 활용될 수 있는 방법이 되기도 한다.

온몸으로 열연 하는듯한 의사표현이나 제스처가 바로 수많은 시청자들의 눈을 붙들게 한다는 점이다. 보디랭귀지를 위한 효과를 위해서는 연단 뒤에 숨어 있지 말고 청중에게 적극적으로 다가가는 것이 좋다. 연단을 "방패"로 삼지 말고 과감히 청중에게 다가가면 청중에게 좋은 인상을 심어줄 수 있어야 하며 온몸을 이용하여 전달한다.

❺ 시각자료

시각자료를 이용한 프레젠테이션 시 한 장의 PPT에 텍스트를 많이 담는 것보다는 이미지를 단순하게 활용하여 최소한 50 : 50의 법칙은 지키는 것이 좋다. 즉, 시각자료와 보디랭귀지 자료를 적절히 균형 있게 활용하는 것이 효과적이다.

❻ 연단활용

보이지 않는다고 생각해서 연단 앞에 서서 프레젠테이션을 하며 신경쓰지 않는 프레젠터가 의외로 많다. 연단을 사용할 때, 테이블을 사용할 때, 아무것도 사용하지 않을 때 그때그때 다르기 때문 상황에 따라 연출해야 한다. 연단 위에는 가볍게 올리고 원고나 노트카드는 몸에서 가장 멀리 놓는다. 여기서 주의할 점은 팔꿈치를 대지 않도록 한다.

연단에 서 있을 때는 가벼운 차렷 자세가 정 위치이며 방향을 바꾸어 움직일 때는 반드시 몸의 방향을 청중 쪽으로 돌리고 이동해야 하며 청중 쪽으로 이동한 뒤 다시 무대 쪽으로 돌아오는 경우, 청중에게 등을 돌리지 않도록 하며 스크린을 가리지 않도록 천천히 옆으로 걸으면서 이야기한다.

❼ 화제 준비

청중을 즐겁게 하기 위해서는 유머 넘치는 이야기나 깜짝 놀랄 만한 화제가 준비되어야 하며 모두가 즐거워하는 좋은 소식을 말하는 것도 좋고, 사람들이 잘 모르는 에피소드도 좋다.

그러나 다양한 수준의 대중이 모인 장소에서는 일반인도 이해하기 힘든 문자를 쓴다든가, 또는 어려운 영어의 머리글만 딴 이니셜을 사용함으로 인해, 오히려 청중들로부터 반감을 사는 경우가 있다. 전문용어를 많이 사용하면 해석이 어려울 수 있고, 또 흥미를 잃는 사람이 많아지고, 발표자가 잘난 척 한다고 생각할 수도 있기 때문에 유의가 필요하다.

마지막으로 프레젠테이션을 마무리할 때 이런 점들을 주의가 필요하다.

첫째, 새로운 주제를 말하지 않아야 한다. 새로운 주제는 다른 프레젠테이션을 길어지게 만들기 때문이다.

둘째, 끝내기 전에 브리핑 자료들을 정리하지 말아야 한다.

셋째, 장황하게 말을 늘어놓지 말고 짧게 끝내야 한다.

넷째, 부정적인 어조를 사용하지 않고 긍정적인 어조를 사용해야 한다.

호감을 주는 요소들을 고려하여 나만의 노하우를 작성해 보자.

시선	
제스처	
음성	
태도(자세)	

(2) 설득력 높이는 프레젠테이션 전략

❶ 청중분석

많은 청중의 공감을 얻기 위해서는 프레젠테이션의 목적을 정하고 청자를 분석하여 내용과 표현을 대상자에 맞게 준비해야 한다. 아무리 좋은 내용도 청중과 맞지 않거나 상황이 고려되지 못한다면 공감과 설득을 얻을 수 없기 때문이다. 청중이 무엇을 듣고 싶어 하는지를 먼저 고려하고 그 다음으로 청중의 나이, 지식수준, 동기, 환경 등을 고려하는 것이 중요하다.

❷ 주제 분석

프레젠테이션을 하기 전에 주제를 분석하고 문제제기, 전반적인 내용의 연결성, 문제원인에서 해결책까지 제시되어야 한다. 프레젠테이션은 무엇을 설명하고 전달하느냐보다 어떻게 전달되느냐가 더 중요하기 때문에 언어적 표현보다 시각적인 설득력이 더 신뢰감을 갖게 한다. 시선처리, 자세, 동작, 제스처가 산만하지 않도록 안정감과 신뢰감을 유지하도록 신경써야 한다.

❸ 시간분배

반드시 체크해야 할 사항이 바로 시간분배로 프레젠테이션에서 주의사항을 서론, 본론, 결론에 따라 전체 내용의 10% 정도를 차지하는 서론으로 가벼운 인사와 주제와 관련된 관심을 이끌어낼 수 있는 신문기사 내용 등을 화두로 던지는 것이 좋다. 자칫 경직될 수 있는 무거운 분위기를 부드럽게 이끌어 내고자 한다. 결론은 마무리라고 해서 갑자기 끝내는 것이 아니라 전체 내용의 15%를 배분하여 다시 한 번 전체 내용을 요약하며 중요한 부분을 기억시키고 프레젠터의 목적을 전달하기 위해 강조와 설득을 적절하게 배치하도록 하고 종료단계에서 기억에 남도록 명언이나 인상적인 어구를 사용하여 강렬한 이미지를 남기도록 한다.

자신(Presenter)이 경험한 발표 시 힘들었던 원인과 대안에 대해 작성해 보자.

무대 공포	원인과 해결

프레젠테이션 법칙

❶ 연단에 선다는 것 자체가 모든 프레젠터에게 두려움이 드는 것은 당연하다. 두려움을 떨치기 위해 더 많은 준비를 하도록 한다.

❷ 기억에 오래 남는 핵심 어구를 제시한다. 프랭클린 루즈벨트 대통령이나 스티브 잡스처럼 자신만의 프레젠테이션을 준비한다.

❸ 시작은 역동적으로 하라. 따분하고 진부한 시작은 청중의 마음을 집중시키지 못한다.

❹ 프레젠테이션 도구를 활용하라. 시각적인 자료로 파워포인트를 활용하여 시선을 끌고 마음을 끌 수 있도록 간단한 자료를 시각화하도록 한다.

❺ 서론은 간단인사와 주제와 관련된 내용을 언급하면서 관심을 유도하며 시작한다.

❻ 본론은 전체 내용의 80%를 배분하며 핵심 명제 전개로 사례를 제시하여 검증된 데이터를 활용하여 설득을 높이도록 한다.

❼ 마무리 역시 강렬함으로 끝내도록 한다. 듣고 있는 청중이 프레젠터와 더 많은 이야기를 듣고 싶어 하게 마무리를 끌어가도록 한다.

❽ 정치, 종교 등 논쟁을 일으킬 수 있는 민감한 화제는 언급하지 않는다. 자칫 큰 갈등으로 변질될 수 있기 때문이다.

❾ 끊임없이 연습하라. 뛰어난 프레젠터는 리허설부터 끊임없이 연습하고 연습한다. 완벽한 프레젠테이션에는 화제의 핵심을 정리하여 많은 시간과 노력이 있었다는 것을 알아야 한다.

눈 맞춤(Eye Contact) 시 유의할 점

❶ 한 사람만 집중적으로 바라보는 것

❷ 바라보고 5초간 유지한다.

❸ 청중을 바라보지 않고 벽에 있는 시계를 응시하거나 한 곳만 유독 바라보지 않는다.

❹ 멍하니 창 밖을 응시하지 않는다.

❺ 시야를 가리지 않는다.

❻ 격식없는 옷차림을 피한다.

❼ 정신없는 제스처와 말버릇에 대해 주의한다.

❽ 레이저 포인트를 빙빙 돌리거나 지시봉을 접었다 폈다하지 않는다.

❾ 사전 준비를 철저히 하라.

❿ 프레젠테이션 순서는 Look-Smile-Talk / Show-See-Speak

프레젠테이션 할 때 주의를 집중시키는 방법들

시선	제스처	자신감	시각적 자료	슬라이드 전환
말의 속도	빔프로젝트 ON/OFF	음악삽입	청중호흡	유머활용
말의 엄중	말음	실습	애니메이션	레이저포인트
표정	목소리 변화	질의 응답	판서	말의 멈춤
주의 환기	조명활용	연단활용	동영상	자리이동

Worksheet

1. 신뢰감과 친화력을 주는 목소리는 어떤 목소리인가?

2. 마이크를 잘 활용하면 프레젠테이션이 돋보이게 된다. 마이크 활용 요령을 작성해 보자.

memo

Chapter 08

성공인의 이미지 메이킹

(용모/복장)

1. T.P.O에 맞는 복장 전략

2. 페이스오프, 스킨 및 헤어스타일

학습목표

1. 용모와 복장 관리의 중요성에 대해 이해한다.
2. 여성과 남성의 정장 착용법 및 상황별 옷차림에 대해 이해한다.
3. 올바른 헤어와 메이크업에 대해 이해한다.

T.P.O에 맞는 복장 전략

1

1) 용모와 복장의 중요성

전체적인 겉모습의 용모와 복장은 생활환경과 사고방식에 따라서 개선이 가능하며, 이는 상대방에게 호감을 줄 수 있는 절대적으로 중요한 요소 중의 하나이다.

자신의 용모를 잘 가꾸는 것은 스스로를 존중하는 것이며 단정한 용모는 처음 만나는 상대에게 호감을 줄 수 있고 자기 관리를 잘하는 사람으로서 자신의 이미지를 강화시켜주는 데 큰 역할을 한다.

'A smart coat is good letter of introduction(옷차림은 자신의 소개장이다)'라는 영국의 격언에 따르면 복장에 따라 그 사람의 품격과 이미지를 느낄 수가 있다고 한다.

의복은 기본적 체온유지와 위험에서의 보호를 위한 역할 이상으로 상대방에 대한 최소한의 예의를 표현하는 수단이다. 올바른 복장을 갖추기 위해서는 청결한 옷차림, 분위기를 잘 맞출 수 있는 기능과 색상의 조화를 이루어야 한다. 또한 트렌드에 따르지 않고 단정하며 깨끗한 옷차림은 품위 있는 이미지를 만들어 준다.

그러므로 시간, 장소, 상황에 맞추어 품위 있고 올바른 용모와 복장을 갖추어 호감형이 될 수 있도록 노력한다.

(1) 용모와 복장이 나타내는 의미

❶ 사회적 지위

❷ 교육수준

❸ 경제적 능력

❹ 신뢰도

❺ 재치나 견문

❻ 정신적 준비된 상태

❼ 소속 단체 분위기

(2) 바른 용모와 복장의 원칙

❶ 전문가다운 표현과 인품을 돋보이게 하여 입음

❷ 자신의 기준이 아니라 비즈니스 매너에 맞는 옷차림

❸ 새로운 상황이나 고객과의 만남에서는 가급적 보수적인 옷차림

❹ 정장의 선택 기준은 소속된 회사의 문화 또는 상사의 옷차림에 맞춤

(3) 바른 용모와 복장의 영향

❶ 첫인상 결정

❷ 고객 또는 상대에게 신뢰감 형성

❸ 일의 성과에 영향

❹ 기분전환

❺ 일의 능률 향상

2) 올바른 여성과 남성의 용모와 복장

(1) 여성의 용모와 복장

공식적인 여성의 올바른 복장은 원피스, 투피스 정장 또는 바지 정장을 착용하는 것이다. 바지 정장이 활동적이어서 선호를 받지만 공식적인 모임일 경우에는 치마 정장이 적합하며, 격식이 까다롭지 않아 옷의 색상, 스타일, 옷감 선택에만 주의하여 착용하면 된다.

❶ 유니폼

- 단정하고 청결히 착용
- 구김, 단추 및 실밥 등 세심히 확인
- 주머니 속 소지품 넣어 볼록한 상태 유지 피함
- 왼쪽가슴의 명찰 제자리 확인

❷ 자켓

- 단색인 검정, 네이비, 회색 배이지 계열 선택
- 유행에 치우치지 않는 디자인
- 알맞은 사이즈로 어깨와 품이 작지 않은 것을 선택

❸ 스커트

- 스커트 무릎길이 적절
- 치마폭은 움직일 때 활동성에 기준을 둠
- 스커트 아랫단의 올풀림과 접혀 올라감 주의

❹ 바지

- 바지 길이는 9부 이상(구두에 맞춤 길이)
- 바지폭은 과하게 넓지 않은 것

> **바지 길이**
> – 힐 : 뒷굽의 반 정도
> – 낮은 굽 : 구두 뒷부분 전체의 반

❺ 블라우스

- 청결함과 다림질 상태 유지
- 떨어진 단추 확인
- 손목 또는 다른 헤진 부분 있는지 확인
- 흰 블라우스의 경우 유색 속옷이 비치지 않도록 주의

❻ 스타킹

- 스타킹은 반드시 착용
- 피부색에 가까운 색상 적합(살색 또는 커피색 적당)
- 정장에 검정색 또는 흰색 색상은 지양
- 옷과 구두와 잘 어울리는 색상 선택
- 올이 나가거나 찢어져 있지 않도록 확인
- 예비 스타킹 항시 준비

❼ 구두

- 정장에 맞는 색상 선택

- 청결한 상태 유지
- 굽이 닳아 소리가 나지 않도록 주의
- 출근 후 사무실용 구두가 필요할 경우 굽이 낮은 정장용 구두 선택
- 구두 뒤축이 구겨지지 않도록 주의
- 오픈형 구두 선택 시 앞발가락 쪽 트임이 없는 것을 선택
- 샌들 타입 구두 피함

❽ 가방

- 구두의 색상과 통일하는 것이 무난함
- 크기는 신체사이즈를 고려하여 선택
- 의상과의 조화로움을 고려하여 선택
- 목적과 장소에 맞는 디자인 선택

❾ 액세서리

- 장식이 많지 않는 심플한 것 착용
- 귀걸이, 목걸이 팬던트 사이즈 1.5cm 미만 적당
- 귀걸이는 진주귀걸이(부착형), 여성스러움 돋보임
- 브로치 또는 명찰의 부착 위치는 가슴선보다 위쪽(어깨쪽에 가까움)
- 반지는 알이 돌출되지 않는 것으로 눈에 띄지 않는 것이 적당
- 시계는 단순한 모양으로 가죽 또는 금속 줄 적합

❿ 향기관리

- 좋은 냄새 또는 나쁜 냄새든 다른 사람에게 전이되는 것은 바람직하지 않음
- 향수는 귀 뒤쪽, 손목의 맥박이 뛰는 부분에 바름
- 진한 향기의 향수는 상대방이 불편함을 느낄 수 있으므로 삼가함
- 남성과 여성의 은은한 향기 지속 관리

은은한 향기 지속 방법
– 여성 : 발목 복사뼈 또는 치마 끝단
– 남성 : 넥타이 뒷편

(2) 남성의 복장

남성의 정장은 단정하고 시원하게 보이는 V존(깃 사이에 만들어지는 부분)을 돋보이게 하는 것이 중요하며 이는 넥타이 색깔이나 매듭의 크기로 분위기를 연출할 수 있다.

❶ 유니폼

- 단정하고 청결히 착용하는 것이 중요함
- 구김, 단추 및 실밥 등 세심히 확인
- 주머니 속 소지품 넣어 볼록한 상태 유지 피함
- 왼쪽가슴의 명찰 제자리 확인

❷ 정장

- 기본적인 타입으로 선택하며 지나친 유행에 따르지 않도록 유의
- 색상은 검정색, 남색, 회색이 기본
- 체형과 피부색에 맞는 색상과 옷감 선택
- 상의 길이는 엉덩이 2/3지점까지 내려 와야 적당
- 상의의 품은 주먹 한 개가 들어갈 정도가 적당
- 어깨에 가로 세로 주름이 생기지 않도록 알맞은 사이즈 선택
- 상의의 소매 기장은 손등 위로 알맞게 얹힐 정도가 적당
- 상의 뒤 칼라에서 드레스 셔츠가 1~1.5cm 정도 보이는 것이 적당

- 악수 자세에서 셔츠 커프스가 0.5cm 정도 보이는 것이 적당
- 상의 단추가 투 버튼일 경우 윗 단추 1개만 채우고 쓰리 버튼일 경우 3개 단추 중 윗 2개의 단추만 채움, 쓰리피스일 경우는 단추를 채우지 않아도 무방

– **싱글수트** : 일반적인 정장 형태, 자켓의 단추가 한 줄, 여밈이 홑자락
– **더블수트** : 세련된 느낌의 형태. 앞 단추가 양 쪽으로 두 줄, 앞여밈이 겹침
– **쓰리피스** : 기본 정장에 베스트 추가 한 수트

❸ 바지

- 줄이 잘 서 있는 다림질 상태 확인
- 바지의 기장은 앞의 길이감이 구두 위에 가볍게 닿고 뒤는 구두 뒷굽보다 약간 위로 올라오는 정도의 길이감으로 양말이 보여서는 안 됨
- 바지 밑단의 커프가 있어도 무방하나 키가 작은 사람은 삼가하는 것이 좋음
- 바지, 구두, 양말을 같은 계열의 색으로 통일
- 바지의 색상보다 짙은 양말 착용
- 선 자세를 취했을 때 곧게 뻗도록 주머니 등이 불룩하지 않도록 주의

❹ 드레스 셔츠

- 일반적으로 와이셔츠라 많이 알려져 있으며, 이는 일본인들이 흰셔츠(White Shirts)를 와이셔츠라 발음한 것에서 기인
- 색상은 비즈니스 정장에는 흰색 또는 옅은 색 선택
- 모든 단추가 채워져야 함
- 셔츠의 길이는 양복 하의 밖으로 나오지 않을 정도가 적당함
- 소재는 면이 좋으며 구김이 없어야 함
- 셔츠 소매 길이는 상의 소매 밖으로 1~1.5cm 정도 나오는 것이 적당함
- 셔츠의 목둘레는 맨 윗 단추를 채웠을 때 손가락 두세 개가 들어갈 정도면 적당함
- 파스텔톤의 파란색 또는 분홍색의 셔츠는 부드러운 느낌을 창출할 수 있음

❺ 넥타이

- 넥타이를 맨 길이는 벨트의 버클을 약간 덮을 정도가 적당
- 넥타이 폭은 상의의 깃 폭과 같은 것이 적당
- 넥타이의 매듭은 중앙에 와야 함
- 색상은 양복과 동일하거나 보색이 적당함

- 조끼를 입을 때 넥타이가 조끼 밑으로 나오지 않도록 주의
- 넥타이 핀의 꽂는 위치는 타이의 2/3 지점이 적당함

❻ 벨트

- 색상은 정장 색상과 비슷하거나 잘 어울리는 것을 선택
- 버클은 단순한 것으로 요란한 무늬는 피함

❼ 양말

- 실크 소재의 양말이 정장에 잘 어울림
- 색상은 구두와 같은 색 또는 진한 색을 선택
- 정장 착용 시 흰색 양말과 발목 양말은 피함

❽ 구두

- 항시 청결하고 광택이 잘 나도록 유지
- 색상은 정장에 맞추며 검정색과 갈색이 일반적
- 소재는 가죽이 적당
- 모양은 앞코가 뾰족하거나 뭉툭한 것은 피함
- 굽이 닳지 않았는지 확인
- 구두 뒤축은 구겨신지 않도록 주의

(3) T. P. O에 따른 비즈니스 복장

❶ T.P.O에 따른 비즈니스 복장 분류

가. 정장스타일(Dress-well) : 정통 오피셜 정장

- 기본적인 색상인 네이비, 블루, 블랙, 그레이, 브라운을 중심
- 시선을 자극하지 않는 색조

- 심플한 디자인
- 고급스런 소재와 조화를 중시
- 단정한 자세와 몸가짐

나. 콤비스타일(Dress-easy) : 편안해 보이지만 품위를 잃지 않는 차림

- 콤비스타일의 세퍼레이트 수트가 중심
- 감각적 컬러감과 코디네이션 센스 필요

다. 연회스타일(Dress-up) : 때와 장소, 상황에 따른 격조 높은 스타일

- 우아함과 세련미를 강조
- 국내의 연회스타일은 비즈니스 정장에서 벗어나 액세서리 추가만으로도 표현 가능

❷ T.P.O에 따른 코디네이션

시간(Time), 장소(Place), 상황(Occasion)에 맞는 효과적인 옷차림을 선택한다. 잘 갖추어진 옷차림은 상대방으로부터 관심을 유발시키며 자신의 실력과 능력을 발휘하여 인정받는 데 큰 영향을 준다.

가. 일상생활 : 수수하면서 세련된 스타일

- 일반적 정장차림으로서 검정색 또는 줄무늬 및 체크무늬 수트
- 흰색 드레스셔츠 또는 잔잔한 사방 연속무늬 넥타이 매치

나. 고객응대 방문 출장 : 목적에 따른 스타일

- 상사와 동행일 경우 : 지나치게 화려함은 피함, 평범하게 입으며 드레스셔츠 또는 넥타이 강조

- 상담 목적 : 신뢰감과 편안함을 주는 스타일로서 감색과 흰색 드레스 셔츠, 개성적인 무늬의 넥타이 무난함
- 회담 목적 : 신뢰감을 줄 수 있는 회색계통의 정장 추천

다. 보고 또는 회의

- 회담 목적 : 신뢰감을 줄 수 있는 색상과 스타일의 정장 추천

라. 파티 참석 : 주최 측보다 뛰어나고 화려한 스타일은 피하며 넥타이와 셔츠 등 액세서리로서 강조

마. 주말 : 캐주얼한 분위기 연출을 위해 가벼운 체크무늬 셔츠 또는 파스텔 컬러의 셔츠에 베이지 재킷과 하의로 스타일링

(4) 여성과 남성의 복장 체크 리스트

메이크업, 헤어, 표정관리 등 미팅 전 용모와 복장이 바른지 재확인을 한다면 좋은 인상을 줄 수 있는 확률도 높아진다. 고객 접점 또는 미팅을 위해 집을 나서기 전, 미팅 전 화장실에서 한 번씩 더 옷 매무새를 재확인하도록 한다.

미팅 또는 서비스 고객 접점에서의 업무를 시작하기 전 여성들이 갖추어야 할 머리 모양, 얼굴, 손 상태에 대한 진단과 복장, 구두, 스타킹, 액세서리에 대한 확인 사항을 잘 점검하여 좋은 인상을 전달할 수 있도록 하자.

❶ 여성 용모와 복장 점검표

구 분	체크 포인트
헤어	청결하게 손질되어 있다.
	앞머리가 눈을 가리지 않는다.
	염색이 너무 눈에 띄지 않는다.
	머리 액세서리가 너무 눈에 띄지 않는다.
얼굴	피부는 청결하고 건강한 느낌을 주고 있다.
	메이크업 상태가 진하지 않고 번들거리지 않는다.
	립스틱 색상과 피부 색상이 밝게 유지되었다.
향수	향기가 진하지 않다.
복장	구겨지거나 얼룩이 없다.
	블라우스와 스커트 등 다림질이 잘 되어 있다.
	스커트 길이는 무릎 정도가 적당한 길이이다.
	어깨에 비듬이나 머리카락이 붙어 있지 않다.
	명찰 또는 신분증을 잘 패용하고 있다.
손	손톱의 길이는 적당하다.
	매니큐어는 엷은 색상을 바른다.
스타킹	색상은 살색이나 커피색 및 검정색이다.
	예비스타킹을 가지고 있다.
구두	깨끗이 손질되어 있다.
	높이가 적당한 정장용 구두이다.
	뒷축이 벗겨지거나 닳아 있지 않다
액세서리	간결한 크기와 디자인으로 복장에 맞추었다.

❷ 남성 용모와 복장 점검표

구 분	체크 포인트
헤어	비듬, 냄새 관리가 잘 되어 청결하다.
	앞머리가 이마(눈썹)을 가리지 않는다.
	깔끔하게 손질되어 있다.
	머리색이나 형태는 업무에 잘 어울린다.
얼굴	피부는 청결하고 건강한 느낌을 준다.
	면도는 말끔히 했으며 코털이 나와 있지 않다.
	치아는 깨끗하고 구취는 나지 않는다.
복장	시간, 장소, 상황에 맞게 잘 갖추어 입었다.
	전체적으로 청결하며 다림질이 잘 되어 있다.
	옷에서 술 또는 담배 냄새가 나지 않는다.
	소매와 바지는 구김이 없다.
	소매와 목부분이 청결하다.
	소매와 바지 길이가 적당하다.
	의류 주머니가 볼록하지 않다.
	명찰 또는 신분증을 잘 패용하고 있다.
	넥타이는 삐뚤어져 있거나 느슨하게 메어 있지 않다.
	벨트 색상은 정장과 잘 어울린다.
	벨트 버클이 화려하지 않다.

양말	양말 색상은 적당하다.
	양말은 청결하다.
손	손톱의 길이는 적당하다.
	손은 깨끗하다.
구두	깨끗이 닦여져 있다.
	색상은 검정색 계열의 단정한 신발이다.
액세서리	간결한 크기와 디자인으로 복장에 맞추었다.

2 페이스오프, 스킨 및 헤어스타일(Face-offs, skins and hairstyles)

1) 여성 페이스오프, 스킨 및 헤어스타일

고객 접점에서의 업무를 수행하는 여성 직원의 단정히 묶거나 고정시킨 헤어스타일과 잘 정돈 되고 깔끔한 얼굴은 좋은 이미지를 심어주며, 스스로에게는 자신감 있고 당당한 이미지를 갖을 수 있다. 그러므로 대인관계에서 긍정적인 영향을 줌으로써 메이크업과 헤어스타일을 잘 만들어 호감 있는 이미지를 연출하도록 하자.

(1) 페이스 오프, 스킨

❶ 눈썹 메이크업

눈썹의 모양과 색상에 따라 인상이 달리 보이므로 얼굴형에 맞는 모양을 만들고 가지런히 잘 정돈하면 깔끔한 인상을 줄 수 있다.

눈썹이 너무 진하면 강한 인상을 줄 수 있으므로 강약을 잘 맞추어 표현하며 눈썹 앞머리가 진하면 강한 인상을 줄 수 있으므로 너무 진하지 않도록 주의한다.

회갈색 아이섀도를 사용하여 각을 잘 맞추면서 선명하게 그리며 자신감 있게 나타내도록 하자.

가. 아이브로 펜슬

- 메이크업 초보자가 용이하게 사용할 수 있는 눈썹도구로서 눈썹의 빈자리를 자연스럽게 메우는 데 사용
- 돌려서 사용하는 오토펜슬과 깎아서 사용하는 펜슬, 스크루 브러시와 일체형 펜슬로 나뉨

나. 아이브로 파우더, 섀도

여러 번 덧바를 수 있는 장점으로 진하기를 조절하기 쉬우며 부드러운 인상 표현 가능

다. 아이브로 마스카라

- 숱이 많고 들쭉날쭉한 눈썹의 결을 정돈할 수 있음
- 헤어 컬러와 맞추어 눈썹의 색을 선택 가능

❷ 피부 메이크업

- 자연스럽게 잡티를 커버하며 표현하는 것이 기본
- 이마가 넓고 시원해 보이도록 하며 눈과 볼에 진한 색조 화장은 하지 않음

가. 스킨케어의 순서

스킨 → 에센스 → 아이크림 → 로션 → 수분크림 → 영양크림 → 메이크업

- 수분공급과 영양공급의 역할이 다르므로 수분의 함량이 높은 것부터 차례로 쓰는 것이 좋음
- 수분공급 시 손바닥으로 5초 정도 얼굴을 감싸 흡수를 도운 후 영양크림을 바름

나. 피부 타입에 따른 메이크업 순서

- 건성피부

베이스 → 파운데이션 → 파우더

- 베이스는 촉촉하고 가벼운 것 추천
- 파운데이션은 리퀴드 타입 추천
- 파우더는 투명하고 가벼운 것으로 추천

- 지성피부

프라이머 → 파운데이션 → 파우더

- 프라이머는 피지 조절과 모공을 가려주는 역할을 함으로써 가볍고 얇은 메이크업 가능

- 복합성피부

베이스 → 부분적 프라이머 → 파운데이션 → 파우더

– 건성인 부분과 지성인 부분을 파악

– 베이스는 전체 얼굴에 얇게 바름

– 프라이머는 모공과 피지를 보완해 줄 수 있는 T존 부위에 사용

– 파운데이션은 피부 상태에 따라 선택하여 사용

- 어두운 피부

– 보라색 베이스로 피부톤 정리

- 하얀 피부

– 핑크색 베이스로 피부톤 정리

- 붉은 피부

– 녹색 베이스로 피부톤 정리

❸ 아이 메이크업

아이섀도 → 아이라인 → 마스카라

진한 아이라인이나 아이섀도는 선명한 느낌보다는 자연스럽지 못한 느낌을 주기 때문에 사용하지 않도록한다. 부드럽고 밝은 느낌을 주는 아이섀도의 색상은 오렌지–베이지펄, 오렌지–브라운 컬러이며 계절감까지 크지 않아 사용하기 알맞은 색상이다.

눈 밑이 어두운 느낌일 때는 피부톤보다 밝은 컴팩트를 발라 주며 아이 펜슬 타입보다 브러시를 이용하는 것이 더 자연스런 눈썹을 표현할 수 있다.

❹ 립 메이크업

립 메이크업은 중간톤의 오렌지-브라운, 브라운-베이지 또는 인디언핑크계열의 색상을 이용하여 립라인을 양쪽 끝을 살짝 올려 웃는 상이 될 수 있도록 표현하면서 정확하게 그린다. 좀 더 밝은 느낌을 표현하기 위하여 연한 핑크계열 또는 투명의 립글로즈를 입술 중앙에 살짝 바른다.

❺ 볼터치 메이크업

볼터치는 날카로워 보일 수 있는 직선적 터치보다는 얼굴형을 밝고 부드럽게 보일 수 있도록 오렌지-브라운, 핑크계열의 색상으로 둥글게 터치하는 것이 좋다.

얼굴형별 볼터치 메이크업

- **둥근 얼굴**
  - 밝은색 블러셔를 가장자리 쪽을 위에서 아래로 사선 방향으로 볼터치
- **역삼각형 얼굴**
  - 광대뼈 아래에 원을 그리듯 살짝 볼터치
  - 아래턱부분의 뾰족한 부분을 가릴 수 있도록 양 볼에 하이라이트로 강조
- **각진 얼굴**
  - 밝은색 블러셔 선택
  - 블러셔는 안쪽에서 바깥쪽으로 아래에서 위로 밀어 내듯이 표현
  - 그라데이션은 귓불 뒤부터 브러시로 동그라미를 그리면서 표현
- **긴 얼굴**
  - 수평적으로 안에서 바깥쪽으로 볼터치
  - 얼굴의 길이감을 줄이기 위한 표현으로 턱부분에 연한 쉐이딩 처리

(2) 헤어스타일

- 긴머리의 앞머리는 눈을 가리지 않고 올리거나 옆으로 놓는다.
- 긴머리는 잔머리가 보이지 않도록 헤어제품으로 고정시키며 묶어준다.
- 단발머리는 근무 또는 인사 할 때 흘러내리지 않도록 핀을 이용해 단정히 고정시킨다.
- 커트머리는 볼륨감을 주어 단정하게 유지한다.
- 화려한 머리 장식은 하지 않는다.
- 너무 밝은 색이나 튀는 색상의 염색은 하지 않는다.

❶ 단정한 헤어스타일 연출법

- 헤어스타일 연출 전 준비물 : 헤어끈, U자핀, 실핀, 헤어망

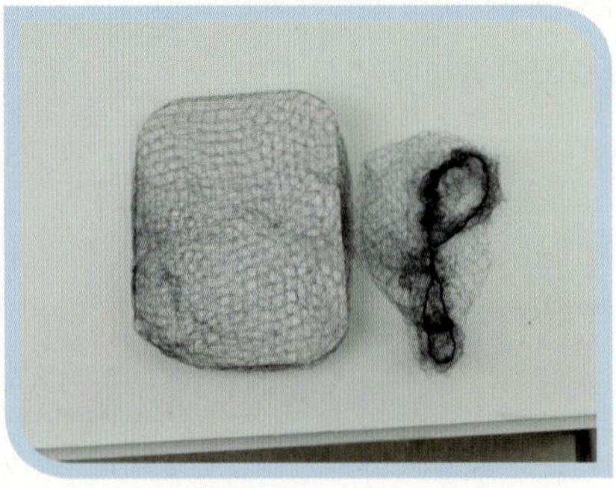

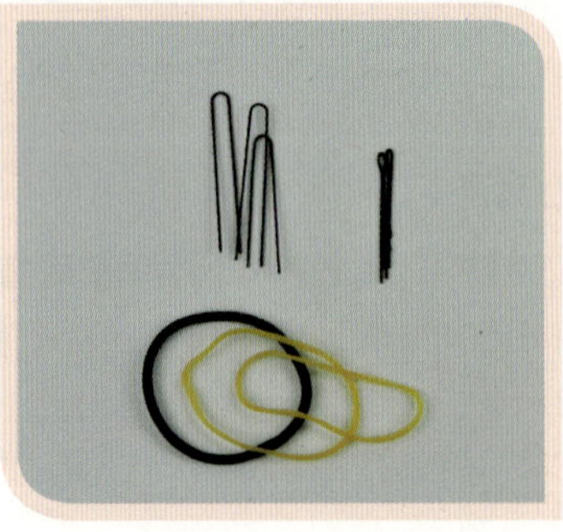

가. 앞머리 정수리에서 직각으로 내려 집게핀 또는 고무줄로 느슨하게 고정시킨다.

나. 양 옆머리도 똑같은 방법으로 집게핀으로 고정하여 섹션을 잡아준다.

다. 뒷머리는 꼬리빗으로 빗은 후 귀에서 일직선가도록 고무줄로 단단히 묶어준다.

라. 모발을 앞머리를 앞으로 빼서 상태에서 뒤쪽 부분부터 꼬리빗으로 볼륨(백콤)을 넣어준다.

마. 백콤을 넣은 머리부분은 스프레이를 2~3번 분사한 후 다시 백콤을 넣고 드라이로 열을 가해준다.

바. 겉머리 1cm 정도 남겨두고 앞머리 남은 부분도 동일한 방법으로 진행한다.

사. 빼놓은 머리를 가지런히 가르마 형태를 잡아가면서 빗질을 한다.

아. 겉머리 1cm는 볼륨(백콤) 넣은 부분은 연출하면서 잘 덮어 주고 집게핀으로 살짝 고정한다.

자. 양 옆머리도 앞머리와 동일한 방법으로 볼륨을 살려 준고 집게핀으로 고정한다.

차. 헤어제품으로 앞머리의 잔머리를 정리해 준다.

카. 헤어망과 실핀을 준비하여 헤어망의 매듭된 부분에 실핀을 끼운다.

타. 헤어망에 핀을 끼우고 묶여 있는 뒷머리에 고정시킨 후 묶은 뒷머리 전체를 망으로 씌워준다.

파. 망으로 씌어놓은 머리를 한쪽 방향으로 돌려준 후 U자핀으로 고정시켜준다.

하. 헤어제품으로 헤어형태 고정과 잔머리를 깔끔하게 정리해 준다.

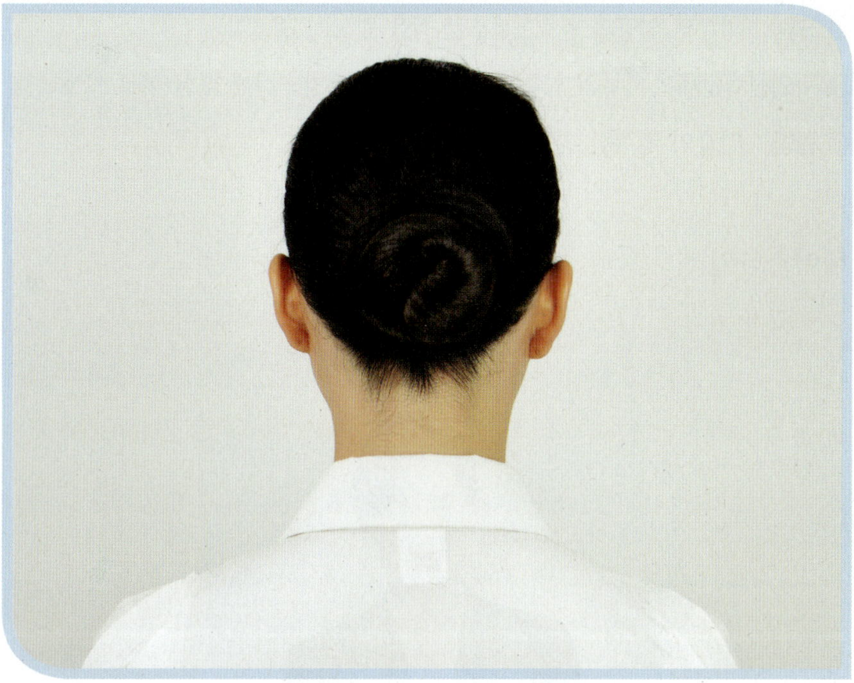

2) 남성 페이스오프, 스킨 및 헤어스타일

(1) 페이스 오프, 스킨

현시대에는 여성과 같이 남성도 외모에 대한 관심이 커지고 있으며 남성 메이크업에 대한 다양한 제품들이 출시되고 있다.

남성은 여성과 다르게 피부의 수분이 함량이 1/3 만큼 적으며 피지분비량이 많다. 그러므로 여성에 비해 유·수분 균형이 맞지 않아 번들거림과 피부가 거칠고 피부결이 곱지 못하며, 면도로 인하여 세균감염의 위험이 있으므로 주의해야 한다.

❶ **스킨** : 면도에 의한 상처 진정, 살균작용과 수렴작용

❷ **로션** : 피부의 영양과 보습 유지

❸ **크림** : 피부의 영양과 탄력, 건조한 겨울 반드시 필요함

❹ **자외선차단제** : 피부의 거칠과 잡티의 원인인 자외선에 대한 피부 보호

❺ **립밤** : 입술의 촉촉함 유지

(2) 헤어스타일

❶ 앞머리가 이마를 가리지 않아야 한다.

❷ 옆머리는 귀를 덮지 않도록 한다.

❸ 뒷머리는 셔츠 깃을 덮지 않도록 한다.

❹ 헤어제품을 사용하여 단정한 헤어스타일을 유지한다.

❺ 염색은 타인이 시선을 많이 받는 색은 피한다.

사례1

타이의 유래

타이는 기원전 50년경 고대 로마병사들이 목에 휘감아 착용한 '포칼(Focal)'에서 시작되었다. 현대의 타이 원형은 1656년 프랑스로 클아티아의 병사들이 터키 전투에서 승리한 후 루이 14세에게 충성을 맹세하기 위하여 앞가슴에 단 '크라바트(Cravate)'라는 장방형의 천을 귀족들이 흉내 내면서부터 메게 되었다. 영국으로 건너간 크라바트는 타이로 불리게 되고 보우 브라델이라는 디자이너가 타이 매는 법을 창안하여 현대의 다양한 타이로 발전하게 되었다.

사례2

한 남성 잡지의 재미있는 통계에 따르면 남자가 면도를 하는데 하루에 10분씩 소비한다면 열여덟살에 면도를 시작하여 예순살까지 일생동안 2,555시간, 일수로는 106일을 소비한다고 한다. 습관적인 일을 위하여 소비하는 시간이 많은 느낌을 갖을 수 있지만 습관적인 일에 조금만 더 신경을 쓴다면 깔끔한 이미지의 얼굴을 만들어 낼 수 있다. 이 생각은 나의 이미지를 한 껏 더 발전시킬 수 있는 근원이 되고 더욱 상쾌한 하루를 시작할 수 있을 것이다.

쉬어가기

우리가 인간관계를 잘 맺어야 하는 6가지 이유

1. 관계

지금 우리가 만나고 있는 사람이 우리들의 미래에 중요한 영향을 미칠 수 있는 자산일 수도 있다. 현재 직업을 갖고 있는 사람이라면 가까운 미래에 옮기는 직장의 책임자가 될 수도 있고 그 책임자의 지인일 수도 있다. 또한 공부하는 학생이라면 내게 맞는 직장을 추천해줄 수 있고 좋은 기회를 줄 수도 있다. 현재 우리가 만나고 있는 사람이 우리들의 성공에 어떠한 영향을 미칠지에 대해선 아무도 알 수 없다. 그러므로 지금 맺고 있는 인연을 항상 소중하게 생각하고 적절히 관리해야 한다.

2. 멘토

설령 향후 취업에 직접적인 영향을 미치는 사람이 아니더라도, 커리어를 시작하는 단계라면 이들은 훌륭한 선배, 이를테면 멘토의 역할을 할 수도 있다. 학교를 갓 졸업하고 취업을 바로 한 이들에게는 이 멘토의 역할이 매우 중요하다. 이들의 충고는 30, 40년 넘게 남은 직장 생활, 혹은 사회생활을 좌우할 수도 있기 때문이다.

3. 커리어 기회

커리어는 그 길을 가기로 결정한 순간 시작된다. 그 커리어를 발전시키는 과정에서 가장 중요한 것은 적절한 사람과의 교류이다. 좋은 선배를 만나 새로운 자극을 받을 수도 있고, 스스로에게 부족한 부분을 보완하며 더욱 성장할 수 있는 계기가 되기도 한다. 또는 전혀 예상치 못했던 커리어를 선택할 수도 있다. 삶은 예상치 않았던 사건의 연속이기 때문이다. 훌륭한 관계는 인생 전체를 또는 인생의 방향을 바꾸는 전환점이 될 수 있다.

4. 조력과 정보

훌륭한 관계로부터 얻는 정보나 도움은 당신의 커리어를 한 단계 업그레이드시킬 수 있다. 커리어의 스킬에 관련 된 것일 수도 있고, 새로운 커리어에 대한 또 다른 기회를 가져다 줄 수 있다. 친구나 가족도 인생에서 매우 중요한 역할을 하지만 직장이나 사회생활을 할 때 필요한 전문적인 도움이나 충고를 줄 수 있는 사람은 바로 업계에 종사하는 사람들이므로 나의 커리어를 발전시키기 위해선 업계에 종사하는 사람들과의 훌륭한 인간관계가 필요하다.

5. 전문가로서의 성장

네트워킹은 우리들을 업계의 전문가로 성장하는 데 큰 도움을 준다. 그들로부터 몸담고 있는 분야의 다양하고 새로운 정보를 받을 수 있으며 열린 사고를 가능하게 한다. 또한 작은 우물 안에서 볼 수 있는 세상을, 그 상황에서 벗어나 다양한 각도로 고려하고 결정 내릴 수 있는 능력을 갖게 하며 한 조직이나 오너에게 구속되지 않고 또 다른 성장을 가능하게 하는 원동력이 된다.

6. 평판

네트워킹을 한다는 건 훌륭한 평판을 만드는 것과 마찬가지 의미이다. 우리가 맺은 인간관계는 추천이나 구전 등으로 형성된 우리들의 평판을 대변하는 것이다. 만약 우리들 자신들의 평판이 긍정적이라면 우리들이 알고 있는 이들은 기회가 될 때마다 우리를 자신 있게 추천할 것이다. 만약 그렇지 않다면 주저하게 된다.

6key reasons why "now" is the best time to start networking
스위스호텔학교 '로잔스쿨' École hôtelière de Lausanne Blog
Author : Lynn Bruines

Worksheet

1. 나의 Grooming Check를 확인해 보고 개선할 점에 대해 생각해 보자.

2. 용모 또는 복장을 잘 갖춰서 좋은 평가를 받은 사례와 평가 절하를 받은 사례에 대해 생각해 보고 발표해 보자.

3. 서비스 업무의 직원이 올바른 용모와 복장을 잘 갖춰야 하는 이유에 대해 생각해 보자.

Worksheet

4. 메이크업 연출 시 주의해야 할 사항들에 대해 생각해 보자.

5. 헤어 연출 시 주의해야 할 점은 무엇인지 생각해 보자.

Chapter

09

해외여행을 위한 가이드 북

1. 출입국 및 출발 전 준비사항(출입국 준비와 절차)

2. 공항(기내), 호텔이용 매너

학습목표

1. 해외여행 시 필요한 서류와 절차 출발 전 준비사항을 알아본다.
2. 공항과 기내에서 지켜야 할 여행객의 매너에 대해 알아본다.
3. 여행목적지 도착 후 호텔 체크인부터 체크아웃까지 여행객이 알아야 할 호텔에서 지켜야 할 매너에 대해 알아본다.

1 출입국 및 출발 전 준비사항(출입국 준비와 절차)

1) 출국준비

(1) 여권의 이해

❶ 여권의 개념

해외여행을 준비할 때 꼭 발급받아야 할 외교부장관명의 증명서류이다. 여권은 국외에서 대한민국 국민임을 증명할 수 있는 신분증이며, 해외여행 시 반드시 소지해야 할 의무가 있는 중요한 공문서이다.

> 전자여권이란 여권 안에 본인의 사진과 이름을 포함한 정보를 담은 전자 칩이 있어서 보안성이 높아진 여권을 말한다. 우리나라는 2008년 8월 25일부터 전자여권을 발급하고 있고, 비자면제프로그램(Visa Waiver Program)인 ESTA를 이용하기 위해서는 꼭 '전자여권'이 있어야 한다.

대한민국 여권

출처 : 외교부 여권안내 홈페이지(http://www.passport.go.kr)

❷ 여권의 종류와 기간

여권의 종류는 발급대상에 따라 일반여권, 거주여권, 관용여권, 외교관여권, 여행증명서로 구분할 수 있다. 1회에 한해서만 해외여행을 할 수 있는 단수여권과 유효기간 만료일까지 횟수에 상관없이 해외여행을 할 수 있는 복수여권으로 구분한다.

❸ 여권의 종류

가. 일반여권 : 대한민국 국적을 가진 사람이라면 누구나에게 발급되는 여권으로서, 공무 관계없이 해외여행 준비를 위해 꼭 필요한 서류이다.

나. 관용여권 : 공무원들이 공무상의 이유로 해외로 가는 경우에 발급되는 여권이다.

다. 외교관여권 : 국가를 대표하여 업무를 수반하는 사람에게 발급하는 여권이다.

라. 거주여권 : 외교부장관에게 해외이주신고를 한 사람에게 발급하는 여권이다.

마. 여행증명서(Travel Certificate) : 해외에 여행하고 있는 동안 여권을 분실하였거나 여권의 유효기간이 만료되는 등의 경우에 임시로 현지에서 발급 받는 서류이다.

❹ 여권의 용도

가. 공항이나 기타장소의 면세점을 이용할 경우 필요하다.

나. 국제학생증, 국제면허증을 발급 받을 때 필요하다.

다. 해외를 방문하기 위해 입·출국 수속 시 필요하다.

라. 국외 여행객과 출국자의 안전을 위해서 필요하다.

마. 해외여행 시 비자를 발급 받기 위해 필요하다.

(2) 비자의 개념과 발급

❶ 비자(사증)

비자는 입국 사증으로 여행을 가려는 해당 국가의 입국 허가를 받는 것이다. 국가 간의 이동을 위해서는 원칙적으로 사증(입국허가)이 필요하다. 여권의 유효성과 입국자의 입국목적과 체류에 대한 타당성 심사 후 발행한다.

❷ 비자의 종류

가. 비자는 여행의 목적에 따라 그 종류가 다르다.

나. 비자의 필요성 여부, 유효기간, 필요한 서류, 수수료, 교부되는 소요 일수 등도 나라마다 차이가 있다.

다. 일반적인 기준에 의한 분류는 일반비자, 공용비자, 외교비자로 나눌 수 있다.

라. 방문객의 입국목적에 따라 입국비자, 통과비자로 구분하고 체류목적에 따라 관광·상용·유학·취업·이민비자 등으로 구분할 수 있다.

❸ 비자의 기간

여권과 같이 입국횟수허용에 따라 1회 사용이 가능한 단수비자와 유효기간 동안 횟수에 관계없이 입국이 가능한 복수비자가 있다.

❹ 비자면제제도

국가 간의 이동을 위해서는 원칙적으로 비자(입국허가)가 필요하다. 영리를 목적으로 입국하려는 자를 제외한 일반여행자에 대해서 국가 간 비자의 상호면제협정을 통하여 자유로운 관광활동을 보장하려는 제도이다.

❺ 워킹홀리데이

가. 협정 체결국 청년들이 일정기간 동안 여행, 어학연수, 취업활동을 하면서 문화생활을 체험할 수 있는 제도이다.

나. 일반 비자와 다른 점은 각 국가별로 한 번만 받을 수 있는 비자이다.

다. 관광비자, 학생비자처럼 관광과 어학연수도 할 수 있고 단기취업도 가능한 비자이다.

쉥겐협약

- 유럽지역 26개 국가들이 통행, 여행을 편리하게 하기 위해서 체결한 협약이다.
- 쉥겐협약 가입국을 여행할 때는 국경에 상관없이 자유롭게 이동이 가능하다.
- 쉥겐협약 가입국을 여행할 때 주의사항 : 출입국심사가 없어 체류 사실이 여권에 표기되기 때문에 증명자료(숙박/교통 영수증)를 여행이 끝날 때까지 보관한다.

(3) 환전

해외여행을 떠나기 전 현지에서 사용할 비용을 준비하게 되는데 보통 현금, 신용카드, 여행자수표로 나누어 준비한다.

❶ 현금

가. 국내에서 현지 통화로 환전해 가는 것은 언제 어디서나 편리하게 사용할 수 있는 장점 때문이다.

나. 교통비, 음료수 비용, 팁 등을 지불할 때 유용하게 쓰인다. 그러나 분실과 도난을 당했을 경우 찾을 방법이 없기 때문에 적절히 환전해 가는 것이 현명하다.

❷ 신용카드

가. 여행지에서 도난·분실 시 분실신고를 하면 피해를 최소화 할 수 있다. 카드사를 통해 긴급대체 카드발급 신청도 가능하다.

나. 카드 결제 시 '현지통화결제'를 요청한다. 현지통화–원화–USD–원화의 형태로 결제되므로 이중수수료가 부과되기 때문이다.

❸ 여행자 수표(Traveler's Check)

가. 해외여행 시 현금 대신 사용할 수 있는 수표로 도난과 분실 시 재발급이 가능하다.

나. 현금으로 환전할 때보다 싼값에 구입이 가능하고 여행 후 남았을 경우 원화로 재환전 시 현금보다 비싸게 받을 수 있다.

다. 도난을 대비해 서명란에 여권과 동일한 서명을 해 두고 일련번호를 메모하거나 영수증을 보관한다.

해외여행 환전 저렴하게 하는 방법

해외여행을 준비하다 보면 항공권을 사는 것만큼 고민스러운 것이 환전이다. 매일 달라지는 환율을 조회하며 고민하며 신경 쓰이는 경우를 위해 싸게 환전하는 방법을 알아보자.

❶ **환전은 해외여행을 떠나기 전에 미리 미리** : 여행 중 소액결제의 경우 카드를 받지 않는 경우도 있어 현지 통화를 챙겨가는 것이 좋다.

❷ **공항 환전소는 피하자** : 공항 환전소는 편리하다는 장점은 있지만 환전 수수료 할인 혜택이 거의 없고 할인율도 낮아 급한 경우가 아니라면 피하는 것이 좋다.

❸ **기존 주거래 은행의 환율 우대 서비스를 활용** : 이용 실적에 따라 추가 혜택을 받을 수 있고 환율 우대 이벤트, 우대쿠폰으로 추가 혜택을 받는다.

❹ **모바일 환전 서비스를 이용** : 스마트폰을 통해 더욱 편리하게 환전할 수 있는 방법이다. 시간, 장소에 구애받지 않고 환전 수수료를 우대 받을 수도 있다.

❺ **주요 통화가 아니라면 이중환전** : 대만 달러, 말레이시아 링깃 등은 거래량이 적어 수수료 우대율이 낮다. 미국 달러로 환전 후, 현지에서 바꾼다.

❻ **현지 동전은 오기 전에 다 쓰자** : 여행을 마치고 난 후 남은 돈을 다시 환전하는 경우가 있는데 동전은 환전도 어렵고 수수료가 높다.

❼ **환율이 오름세일 경우에는 현금사용 추천** : 카드사마다 외국에서 사용하기 좋은 카드 상품을 내놓기도 하니 잘 따져보고 사용하면 절약할 수 있다. 그러나 신용카드는 결제 시점이 아니라 카드사에 결제 정보가 넘어가는 약 나흘 뒤에 환율이 적용될 수 있으므로 주의가 필요하다.

(4) 여행자보험

여행자보험은 여행 중에 일어날 수 있는 사고, 질병, 휴대품 도난, 배상책임 손해 등을 보상해 주는 보험이다. 해외여행 출발 시점부터 귀국까지 여행기간 동안 보장하는 소멸식 보험이며 인터넷으로도 간단히 가입할 수 있다. 손해보상범위는 다음과 같다.

❶ 여행 중 발생한 질병으로 인해 보험기간이 끝난 후 30일 이내에 사망
❷ 여행 중 휴대물품의 도난과 파손 등으로 발생한 손해
❸ 여행 중 탑승한 항공기가 납치되어 목적지에 도착할 수 없게 된 경우 일정 금액
❹ 여행 중 우연한 사고로 인해 사망이나 후유장애의 경우
❺ 다치거나 질병에 걸려 의사의 치료를 받은 경우에 발생한 의료비

사건에 따라 보상되지 않는 손해도 있다. 보험계약자의 고의적의 자해, 범죄, 폭력행위로 인해 발생한 손해와 자연재해·천재지변·전쟁 등으로 인한 손해, 동호회 등에서 스킨스쿠버, 암벽등반 등 약관에서 제외한 위험한 활동으로 인한 손해이다.

(5) 해외여행과 건강

해외여행과 관련된 건강 위험요인은 다양하고 광범위하다. 여행지에서 병에 걸릴 수도 있고 악화되는 경우도 있으니 철저한 준비가 필요하다. 질병 발생이 자주 일어나거나 장기간 해외여행을 계획할 경우에는 예방접종이 필요하다.

❶ 여행 전에 위험요인인 여행지역의 특성, 목적, 운송수단, 숙박수준, 활동계획 등을 확인한다.
❷ 여행자 본인의 기존 질환과 건강상태를 알고 여행 전 병원을 방문해 의사의 처방, 복용할 약 등을 준비한다.

❸ 백신접종은 접종기간이 다르므로 여행출발 약 두 달 전부터 준비가 필요하다.

❹ 질병관리본부 홈페이지를 통해 해외여행 전 준비해야 할 질병 정보를 확인한다.

❺ 예방접종 증명서가 있어야만 입국이 가능한 국가도 있으니 확인한다.

❻ 여행 시 일반적으로 필요한 예방접종은 A형간염, B형간염, 콜레라, 장티푸스, 인플루엔자 등이 있다.

❼ 여행을 마치고 귀국 후에도 건강 상태를 살피고 증상이 나타나면 병원을 방문해 방문한 국가를 알리고 진료를 받는다.

해외여행 등록제 '동행'

1. 우리나라 국민이 해외여행 시 일어날 수 있는 사건 · 사고 등을 대비해 자신의 여행정보를 등록해 두는 제도이다.

2. 등록정보는 인적사항(성명, 연락처), 가족 인적사항, 목적지(체류 국가, 도시), 여행일정, 여권번호, 비자 종류, 항공편명, 여행목적 등이다.

3. 혜택으로는 등록과 동시에 목적지의 안전정보를 제공받고, 현지 위급상황 발생 시 소재파악, 불의의 사고 시 가족에게 연락을 취할 수 있다.

해외여행 떠나기 전 준비물 체크리스트

체크	준비물	상세 내용
	여권	분실을 대비해서 사본과 여권사진은 따로 준비한다.
	항공권	항공예약 재확인 시 필요하다.
	지갑(현금, 카드)	환전한 현지 통화, 해외사용 가능한 신용카드를 준비한다.
	여행자보험	특히 개인여행인 경우 더욱 필요하다.
	호텔바우처	현지 예약한 호텔의 예약확인, 호텔연락처 등에 필요하다.
	세면도구	치약, 칫솔, 클렌징 제품, 샤워용품 등
	화장품	기초화장품, 색조화장품, 썬 스크린 등
	의류	여행지의 기후에 맞게 속옷, 겉옷, 모자, 양말 등
	비상약품	소화제, 지사제, 감기약, 멀미약, 밴드 등
	멀티콘센트	여행국가의 전압에 맞게 준비한다.
	우산, 우비	비올 때를 대비해 미리 준비한다.
	비상용 음식	햇반, 튜브고추장, 김, 초콜릿, 사탕 같은 간식
	시계, 계산기	시차에 대비, 환율계산에 필요할 경우 사용한다.
	카메라, USB	사진촬영에 필요
	필기도구, 지도	관광지 지도와 메모를 위한 노트와 필기구
	기타	셀카봉, 여행책자, 여행지(관광지) 할인쿠폰 등

2 공항(기내), 호텔이용 매너

1) 출국수속

해외여행을 하기 위해서 공항에 도착하면 수하물 체크인을 시작으로 출국수속이 시작된다. 국제선의 경우 항공기 출발 2~3시간 전에 공항에 도착하여 출국수속을 할 수 있도록 한다.

(1) 터미널 도착

인천국제공항 여객터미널 3층에 도착하여 가까운 출입구로 들어간다.

(2) 탑승수속

❶ 체크인 카운터

가. 항공사 체크인 카운터에서 여권을 제시하고 비자를 확인한다. 확인 후 좌석 배정 및 티켓, 보딩 패스를 발급 받고 수하물을 위탁한다.

나. 항공사별 체크인 카운터는 공항에 도착한 후 3층 출발층에 있는 운항정보 안내모니터에서 탑승할 항공사와 탑승수속카운터(A~M)를 확인한 후 해당 탑승수속카운터로 이동하여 탑승수속을 하면 된다.

❷ 셀프 체크인

가. 키오스크 이용객을 위한 셀프 체크인 서비스 방법으로 시간과 장소에 상관없이 체크인이 가능하다.

나. 비자 및 수속 문제 등으로 모든 항공사가 셀프 체크인이 가능하지는 않다.

다. 수하물이 있을 경우에는 항공사 위탁 시 셀프 체크인 카운터를 이용하면 된다.

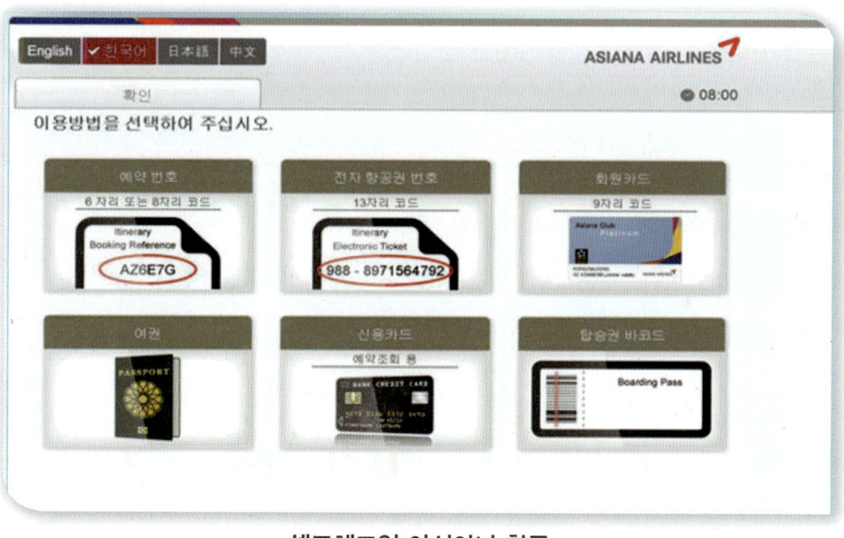

셀프체크인 아시아나 항공

출처 : 인천국제공항

❸ 웹/모바일 체크인

가. 해당 항공사의 웹/모바일 체크인 서비스를 이용하면 편리하게 탑승수속을 할 수 있다.

나. 위탁수하물이 있는 경우 항공사 전용카운터에 별도 위탁하여야 한다.

❹ 도심공항터미널

가. 서울역, 삼성동 도심공항터미널이 있고 탑승수속을 마치고 인천공항에 도착한 여객은 전용통로를 통해 보안검색 후 출국심사대를 통과한다.

나. 제공되는 서비스는 탑승수속, 수하물탁송, 출국심사를 받을 수 있다.

(3) 수하물

고가의 물품과 파손되기 쉬운 물품은 직접 휴대하는 것이 좋다. 수하물 위탁 후에는 위탁수하물의 검색이 종료될 때까지 주변에서 대기하다가 확인이 완료되면 이동한다.

❶ 기내반입 수하물

짐을 들고 기내에 탑승하며 항공사별로 보안검색 절차를 거친다.

❷ 수하물위탁

가. 체크인 카운터에서 수하물을 위탁 처리한다.

나. 자동수하물위탁 : 셀프백드랍 서비스는 탑승객이 직접 수하물을 위탁하며 간편하게 수하물을 수송할 수 있다.

❸ 제한물품

객실 내 휴대반입 통제 대상 품목은 23종이다.

구분	품목
액체류 : 7개종	물 및 드링크류, 스프류, 소스류, 소스/액체류, 음식류, 로션류, 오일류, 향수류 등
분무류 : 2개종	스프레이류, 탈취제류 등
젤 류 : 13개종	시럽류, 잼류, 스튜류, 반죽류, 크림류, 화장품류, 헤어/샤워젤, 면도거품제, 치약류, 액체/고체 혼합류, 마스카라
기타류 : 1개종	실온에서 용기 없이는 형상을 유지할 수 없는 물질

셀프백드랍 위치 안내 : 여객터미널 3층 출국장

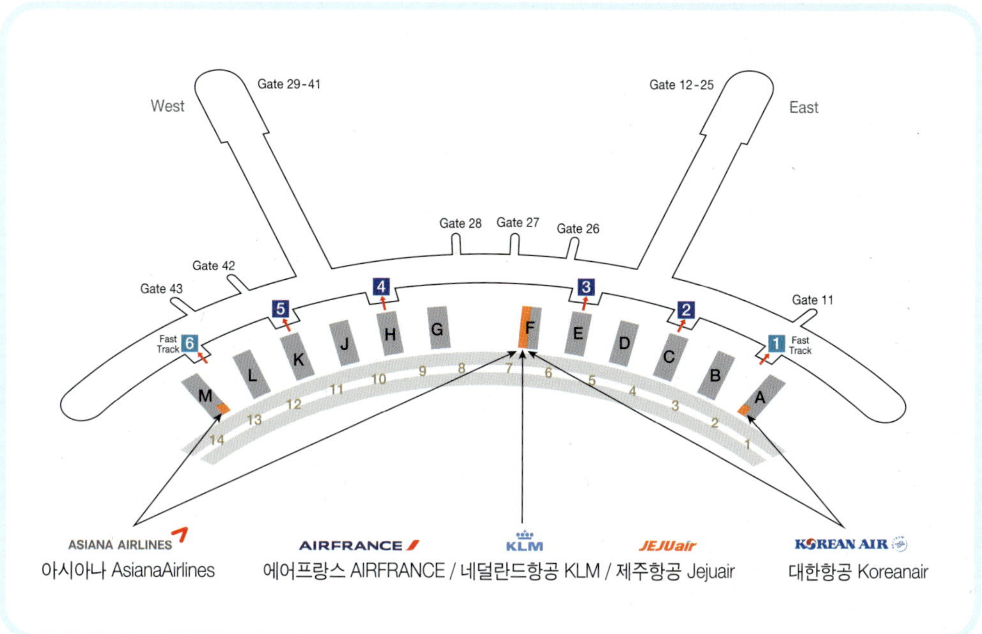

출처 : 인천국제공항 홈페이지 참조

셀프백드랍 이용방법

셀프백드랍 서비스는 탑승객이 직접 수하물을 셀프서비스로 빠르고 간편하게 수하물 수송이 가능한 방법이다.

출처 : 인천국제공항 홈페이지 참조

(4) 보안검색

탑승수속 및 각종신고 완료 후 보안검색을 받아야 한다.

❶ 일반보안검색

가. 여권과 탑승권을 출국장 입장 시 보안요원에게 보여준다.

나. 보안검색을 받기 전에 세관에 신고대상 물품을 신고한다.

다. 가방, 코트 등 휴대물품을 엑스레이 검색대에 놓는다.

라. 소지품(휴대전화, 지갑 등)은 바구니에 넣는다.

마. 문형탐지기를 통과한다. 추가로 검색요원이 검색한다.

❷ 패스트트랙 : Fast Track은 교통 약자 및 출입국 우대자를 위한 서비스이다. 전용 출국장을 통해 편리하고 신속하게 출국수속을 진행할 수 있다.

(5) 출국심사

출국심사는 유인심사나 자동심사대를 이용하면 된다.

❶ 유인심사 : 출국 전 여권과 입국비자 소지 여부를 반드시 확인한다. 절차는 출국심사관에게 여권을 제시하고 출국심사대를 통과하면 된다.

❷ 자동출입국심사 : 만 19세 이상 국민이면 사전등록 절차 없이 바로 이용 가능하다. 여권 사진면을 판독기에 인식시키고, 스캐너에 지문을 인식하는 간단한 방법으로 통과할 수 있다.

(6) 안내/신고

❶ 세관신고 : 외화는 일정금액 초과 시 세관 외환신고대에 신고하고 귀중품·고가품은 "휴대물품반출신고(확인)서"를 받아야 입국 시 면세를 받을 수 있다.

❷ 검역안내 : 검역소에서 외국여행자, 동물, 식물에 대한 검역증명서를 발급하며 도착국가에서 증명서를 확인하는 경우도 있다.

❸ 병무허가 : 병무의무자가 해외를 나가고자 할 때 병무청에 국외여행허가를 받아야 한다. 출국 당일에는 법무부 출입국에서 출국심사 시 국외여행허가 증명서를 제출한다.

(7) 탑승구 이동 및 탑승

보딩패스에 나와 있는 탑승구로 이동한다. 항공사의 탑승 요청 시간까지 탑승구로 이동하여 탑승한다.

터미널 출발승객

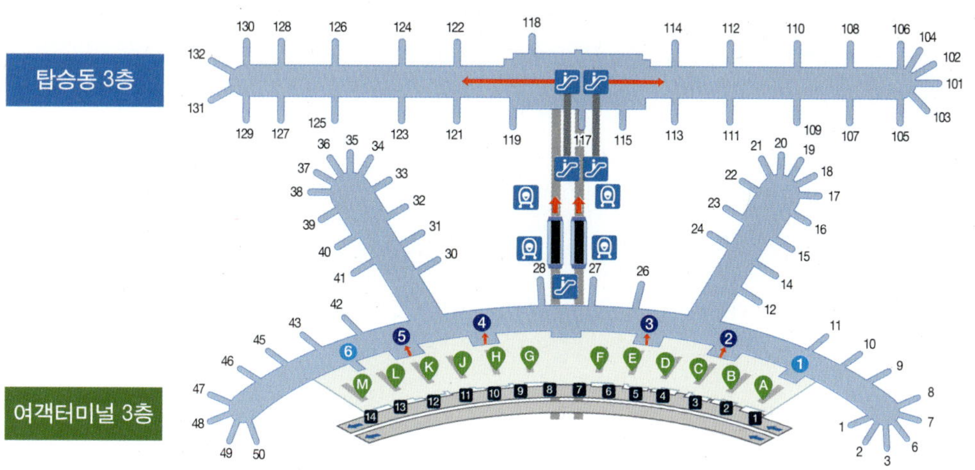

출처 : 인천국제공항

2) 공항 이용 매너

❶ 해외여행 시에는 늦어도 출발시간보다 약 2~3시간 전에는 공항에 도착해야 한다.

❷ 단체여행일 경우 출국수속이 길어질 수 있으므로 출발 3시간 전에 도착한다.

❸ 주말과 성수기에는 공항 이용객이 급증하므로 평소보다 여유롭게 공항에 도착한다.

❹ 여러 사람들이 이용하는 공공장소이므로 큰 소리로 떠들거나 하는 행동은 조심한다.

❺ 흡연은 정해진 장소에서만 한다.

❻ 공항에서 촬영이 금지된 장소에서는 사진, 촬영을 삼간다.

❼ 탑승 마감 시간이 얼마 남지 않았더라도 새치기는 금한다.

❽ 탑승구 변경, 오버부킹 같은 상황이 발생할 수 있으므로 탑승 전까지 여유롭게 도착해 침착하게 대처한다.

❾ 공항 대기의자에서 기다릴 때 피곤하더라도 누워서 자거나 의자를 혼자 여러 개 차지하는 행동은 하지 않는다.

❿ 공항에서 짐 찾을 때는 대기선을 지켜 다른 이용객들의 시선을 가리는 등의 행동을 하지 않는다.

⓫ 공항 출발 전에는 반드시 여권, 항공권을 가지고 나왔는지 재확인한다.

⓬ 병역 의무자의 경우 병무신고가 필요하므로 공항에 미리 도착한다.

⓭ 짐을 옮길 때 카트를 이용하게 되는데 이동 시 주변 사람과 부딪히지 않도록 조심한다.

⓮ 탑승대기하면서 주변 사람들에게 불편을 주는 행동은 삼간다.

사례

인천국제공항 제2여객터미널

많은 여행객들이 처음으로 우리나라를 만나게 되는 장소인 인천국제공항은 1992년 착공한 이래 약 8년간의 공사 끝에 완성되었다. 인천국제공항은 세계 각국의 모델이 될 정도로 세계 최고의 공항으로 선정되었고 현재도 진행형이다. 제 3단계 건설 사업으로 총 5조원을 투입한 인천국제공항 제2여객터미널이 2018년 1월 18일 개장하였다. 동북아 중심의 허브공항으로 자리매김 하게 될 인천국제공항 제2여객터미널 개장은 2018 평창동계올림픽대회를 앞두고 더욱 속도를 올렸다. 제2여객터미널은 출입국 대기공간, 무인 자동 서비스 확대, 환승클러스터 조성 등으로 더욱 빠르고 편리한 출입국과 환승서비스를 하게 될 것이다. 안내로봇, 양방향 운항정도표출시스템(FIDS) 등 각종 스마트 기술로 여객 안내서비스도 강화된다.

3) 기내 이용 매너

공항에서 출국수속을 무사히 마치고 설레는 마음으로 비행기에 탑승하게 된다. 기내 탑승은 보통 출발 40분 전부터 시작된다. 좁은 좌석과 밀폐된 공간에서 장시간 기내에 있을 경우에는 기내에서 타인을 위한 배려와 매너 있는 태도가 필요하다.

❶ 탑승권에 표시된 지정 좌석에 앉는다. 안전을 위해 균형을 고려하여 좌석배정을 한 것이므로 임의대로 좌석을 이동하지 않는다.

❷ 기내 안내방송을 잘 듣고 안내에 따라 행동한다.

❸ 화장실에 갈 때 옆 좌석의 승객에게 '실례합니다'라고 하거나 의자를 젖힐 때 뒷사람에게도 양해를 구하는 것이 좋다.

❹ 항공기 이착륙 시 안전을 위해 모든 전기제품의 사용을 자제한다.

❺ 신문이나 잡지를 볼 때 옆 사람에게 방해되지 않도록 주의한다.

❻ 음악을 듣거나 영화를 감상할 때 이어폰 밖으로 음악이 나와 방해되지 않도록 볼륨조절을 한다.

❼ 기내용 슬리퍼를 신기 위해 신발을 벗을 경우 좁은 공간에서 발냄새에 주의한다.

❽ 기내 화장실은 남녀공용이고 승객 모두 사용하는 공간이므로 깨끗하게 사용한다.

❾ 기내 화장실은 Lavatory라고 하며 기종에 따라 위치, 개수 등이 다르다.

❿ 기내 화장실 세면대 사용 후에는 종이 타월로 물기를 닦고 나와 다음 이용객을 배려한다.

❿ 기내에서는 기압 때문에 술이 빨리 취할 수 있으므로 알코올 음료는 무료라고 해서 너무 많이 마시지 않는다.

⓫ 기내에서 승무원이 나눠주는 신고서(입국신고서, 여행자 휴대품 신고서, 검역 질문서 등)를 작성하여 출입국 수속을 신속하게 마칠 수 있도록 한다.

⓬ 승무원을 호출할 때는 좌석 팔걸이에 있는 호출버튼을 누른다. 부적절한 호칭을 사용해서 부르거나 신체를 만지는 행동은 하지 않는다.

⓭ 기내식이나 음료제공, 면세품 카트가 통로를 지나갈 때 무릎이나 팔꿈치를 부딪히지 않도록 조심한다.

⓮ 화장실에 비치된 일회용품과 기내용 담요, 쿠션을 마음대로 가져가지 않는다.

⓯ 비행기 이·착륙할 때 안전벨트 착용은 필수이다.

⓰ 착륙 후 비행기가 완전히 멈춘 후에 안전벨트 사인 등이 꺼질 때까지 좌석벨트는 꼭 매고 있어야 한다. 비행기는 하늘 위에 있을 때보다 지상에서 이동 시 더 위험하기 때문이다.

⓱ 식사가 시작되면 등받이를 원위치로 올려 놓아야 한다.

⓲ 식사 후에는 종이 냅킨으로 식판을 덮어 전달하는 것이 보기 좋다.

⓳ 노크 전 안내표시를 확인하면 된다. 'Occupied'에 불이 들어와 있으면 사용 중이

고, 'Vacant'에 불이 들어와 있으면 비어 있음을 뜻한다. 먼저 이용하고 있으면 노크를 하지 않는 것이 매너이다.

⑳ 안전벨트 착용 사진이 켜져 있거나 이·착륙할 때는 사용할 수 없다.

4) 호텔 이용 매너

해외여행에서 안전하고 편안한 숙소를 미리 예약하고 이용할 수 있다는 것은 여행객으로서는 잠자리에 대한 걱정이 없어지고 안심하고 여행을 즐길 수 있다. 패키지 여행일 경우 여행상품에 포함되어 있기 때문에 문제가 없으나 개별여행일 경우에는 여행사나 호텔 예약 업체를 통하면 할인된 요금으로 예약이 가능하다. 호텔을 예약할 때는 가격도 중요하지만 대중교통의 연계성, 공항-호텔 픽업 서비스, 조식유무, 호텔 내부시설 등 여러 요소를 고려하여 선택하는 것이 여행하기 좋다.

(1) 호텔 체크인

예약한 호텔에 도착하게 되면 프론트 데스크에서 호텔 투숙을 위해 제일 먼저 하게 되는 순서이다.

❶ 호텔 체크인은 보통 오후 2시 전후이다.

❷ 호텔 프론트에 예약번호나 예약자 이름을 말하면 확인 후 체크인에 필요한 서류를 받는다.

❸ 체크인 서류에 성명, 여권번호, 국적 등을 적으면 된다. 예약 시 결제를 안 한 경우 카드 개런티(객실 내에서 사용하는 미니바 & 객실 시설에 파손 & 분실 등을 우려해 호텔 측에서 보증금)를 위해 신용카드를 제시하게 된다.

❹ 체크인 시 일정금액이 카드로 승인이 나는데 실제 결제되는 금액이 아니며 사용하지 않았다면 전체 금액이 취소된다.

❺ 예약 시 알려주어야 할 항목으로는 성명, 객실타입, 체제일수, 연락처, 결제방법 등이 있다.

❻ 객실 타입, 요금, 금연, 조용한 지 여부, 뷰 등의 객실상황에 대한 체크를 한다.

❼ 아침 일찍 일어나고자 할 경우에는 모닝 콜(Morning Call)을 부탁한다.

(2) 호텔서비스

호텔은 투숙하게 되면 잠만 자는 곳이 아니라 부가되는 여러 가지 서비스들이 있다. 호텔마다 차이가 있으므로 미리 알아보고 이용한다.

❶ 미니바(Mini Bar) 서비스 : 호텔객실 내에 음료, 주류, 간단한 간식거리가 준비되어 있다. 투숙하는 동안 편하게 이용할 수 있다. 단 가격이 정가보다 비싸니 꼭 필요한 경우에만 이용하는 것이 좋다.

❷ 안전 금고(Safety Box) : 투숙 시 여권, 현금, 귀중품 등을 안전하게 보관할 수 있다. 보안과 안전에 안심할 수 있는 호텔이라도 소지품 관리는 특별히 주의할 필요가 있다.

❸ 세탁 서비스(Laundry Service) : 여행 중 옷을 수선하거나 드라이클리닝이 필요한 경우에 이용할 수 있는 서비스이다. 객실에 비치된 세탁의뢰서에 필요사항을 기입한 후 세탁물을 세탁용 비닐백에 넣어 프론트에 맡기면 세탁 서비스를 받을 수 있다.

❹ 룸 서비스 : 객실에 투숙 중인 손님의 주문으로 식사, 음료를 객실로 직접 갖다주는 서비스이다.

❺ 모닝콜 서비스 : 객실 전화를 이용해 교환원에게 원하는 시간대를 알려주거나, 프론트에 부탁하면 서비스를 받을 수 있다.

❻ 세탁 서비스 : 세탁물을 객실 내 세탁비닐주머니에 넣은 후 의뢰서에 의류표시, 성명, 객실번호 등을 적어둔다.

❼ 메이크업 서비스 : 투숙객이 외출 시 룸 메이드가 객실청소를 해 주는 서비스이다.

❽ 비즈니스 서비스 : 복사, 팩스 등의 사무 서비스를 대행해 주는 서비스이다.

(3) 호텔 이용 시 지켜야 할 매너

호텔은 여러 사람이 이용하는 장소이자 휴식을 취하는 장소이다. 주변사람들에게 방해되지 않게 세련된 매너가 필요하다.

❶ 아침에 객실을 나가기 전이나 체크아웃할 때 감사의 뜻으로 1달러 정도의 팁(Tip)을 두고 나온다.

❷ 객실 내 어매니티(Amenity) 외의 비품은 가지고 나오지 않는다.

❸ 객실 내에서 취사를 하지 않는다.

❹ 체크인 시 벨맨이 객실까지 백을 가져다 줄 경우 1달러 정도의 팁(Tip)을 준다.

❺ 객실 키는 외출 시 프론트 데스크에 맡기거나 분실하지 않도록 잘 보관한다.

❻ 호텔 복도에서 노출이 심한 상태로 다니거나 맨발로 다니는 것은 금물이다.

❼ 객실 내에서 흡연은 금한다.

❽ DD카드 : "Do not Disturb"의 뜻이다. 늦잠을 자고 싶거나 방해받고 싶지 않을 때 문고리에 걸어둔다.

❾ 객실 내에서는 시끄럽게 떠들거나 해서 다른 투숙객에게 방해되지 않도록 한다.

❿ 욕실 사용 시 욕실의 바닥이 젖지 않도록 샤워커튼을 이용하고 커튼자락은 욕조 안으로 꼭 넣어 사용한다.

(4) 체크아웃

호텔 이용을 마치고 나갈 때 거쳐야 하는 절차이다. 예약 시 결제까지 마쳤다면 객실 키를 반납하는 간단한 절차를 마치면 된다.

❶ 고객이 객실 사용을 마치고 퇴실하는 것을 말하는데 보통 오전 11시 전후이다.

❷ 투숙 중 객실 내 미니바, 유료채널, 룸서비스 같은 유료시설 사용 여부 확인 후 프론트에 객실 키 반납하는 것으로 간단히 끝난다.

❸ 개인 사정이 생겨 체크아웃을 미뤄야 할 경우에는 미리 프론트에 연락한다.

❹ 체크아웃 해야 할 시간이 지나면 추가 요금을 지급해야 하므로 시간을 지킨다.

Worksheet

1. 호텔 프론트에서 체크인과 체크아웃 시 지켜야 할 매너는 어떤 것들이 있는지 알아보자.

2. 장거리 비행을 하다보면 기내에서 잠을 자거나 기내식과 음료를 섭취하고 화장실을 이용하는 등 많은 시간을 보내게 된다. 좁은 통로와 좌석에서 장시간 있다 보면 서로 조심하고 지켜야 할 규칙들이 많다. 기내에서 지켜야 할 기본적인 매너와 에티켓에 대해 알아보자.

3. 공항에서 지켜야 할 매너와 에티켓에 대해 알아보자.

4. '땅콩사건', '오버부킹 사건' 등 기내서비스를 받다 보면 기내에서 지켜야 할 최소한의 매너와 에티켓이 필요하다. 기내에서 지켜야 할 매너와 에티켓에 대해 토론해 보자.

Chapter

10

품격 있는 비즈니스 skill

1. 사교의 방법(How to socialize)
2. 꼭 익혀야 할 활용영어 TIP

학습목표

1. 각국의 인사법을 이해할 수 있다.
2. 각국의 문화이해를 통해서 사람을 대하는 방법을 이해할 수 있다.

1 사교의 방법(How to socialize)

1) 세계 각국의 인사법

(1) 미국

❶ 미국인의 인사법은 고개를 숙이는 인사법보다 눈을 바라보며 목례 정도로 인사한다.

❷ 친할 경우는 "하이(Hi)"를 주로 많이 사용하고 적당한 관계일 경우는 "헬로우(Hello)"를 많이 사용한다.

❸ 미국인은 개인 프라이버시를 중요하게 생각하기 때문에 서로 명함을 주고받기보다 인사를 먼저 하고 필요에 따라 명함을 주고 받는다.

❹ 미국인은 처음보는 사람과도 스스럼없이 인사를 주고받기 때문에 처음 보는 미국인이 인사를 해도 이상하게 생각하지 말아야 한다.

❺ 미국은 개인주의가 강하지만 대체로 인사하는 것을 좋아하는 나라라고 볼 수 있다.

(2) 일본

❶ 일본은 예의를 중시하는 나라로 가볍게 친구를 만날 때는 목례 정도로 인사하지만 비즈니스 관계에서는 90도에 가깝게 인사하는 경우가 많다.

❷ 상대방이 친절함을 느낄 수 있도록 여자의 경우는 일본 특유의 하이톤을 이용하여 인사하는 경우가 많다.

❸ 일본은 악수를 하기보다 상대방에게 45도 정도로 인사하는 인사법을 선호한다.

(3) 중국

❶ 중국은 우리나라처럼 예의를 중시하는 나라로 우리나라와 가장 비슷한 인사법을 가지고 있다고 볼 수 있다.

❷ "니하오"라고 하면 보통의 일반적으로 만날 수 있는 사람에게 사용하는 인사법이다.

❸ "닌하오"라고 하면 윗사람 또는 본인보다 나이가 많은 사람을 만날 때 사용하는 인사법이다.

❹ 과거의 중국식 인사법은 두손을 모아서 상대에게 인사하는 경우도 있었지만 현재의 인사법은 미국식으로 편안하고 가볍게 인사한다.

(4) 영국

❶ 영국은 신사의 나라라고도 부른다. 사람을 처음 소개 받으면 남녀 상관없이 먼저 악수를 청하는데 여자 또는 연장자가 먼저 손을 내밀어 악수를 하게 된다.

❷ 영국인은 잘 아는 사람을 만나면 가볍게 포옹을 하고 처음 만난 사람은 자신의 소개를 하고 이름을 말하고 악수를 한다.

(5) 프랑스

❶ 프랑스인은 악수를 할 때 힘을 주지 않고 가볍게 손을 잡고 악수한다.

❷ 프랑스의 경우는 가볍게 양쪽 빰에 키스를 가볍게 2번에서 4번까지도 번갈아가며 한다.

❸ 연장자가 옷을 벗지 않고 있다면 다른 사람들도 옷을 벗지 않고 있어야 한다.

❹ 재채기가 나올 경우 먼저 "죄송합니다"라고 말을 하고 참을 수 있다면 참아야 한다.

(6) 태국

❶ 한국처럼 나이어린 사람, 신분이 낮은 사람이 먼저 인사하고 연장자나 상사는 고개는 숙이지 않고 고개를 끄덕이는 정도로 인사한다.

❷ 태국은 가슴 가까이 합장하듯이 두 손을 모아 공손하게 "싸왓디카"(남녀의 표현법은 다름)라고 말한다.

❸ 존경을 표시할 때는 턱 가까이 두 손을 모아 합장하며 인사한다.

(7) 호주

❶ 길을 가다 눈이 마주치면 웃으며 인사하는 것이 일상이고 문화이다.

❷ 비공식적인 자리에서 젊은 사람들은 "Hello"나 "Hi"로 인사한다.

❸ 처음 만나는 자리라면 "Nice to mee to you"라고 하고, 호주의 유명한 인사법으로 "G' Day"로 "Good day"의 줄임형을 사용하기도 한다.

❹ 친근한 사람일 경우 손바닥을 부딪치고 난 후 주먹을 부딪치기 하는 경우도 있다.

외국인이 오해하는 한국사람의 모습

❶ 상대방의 눈을 똑바로 쳐다보지 않는다.

- 한국인은 어른을 똑바로 보는 경우 버릇이 없다고 생각하지만 외국의 경우는 어른을 똑바로 보지 않고 말을 하는 경우 거짓을 말한다고 생각한다.

❷ 말을 할 때 상대의 옷자락을 잡고 말을 한다.

- 한국인은 상대방에게 말을 할 때 옷자락을 잡고 말을 하는 경우가 있는데 외국인의 경우 옷자락을 잡고 말을 하는 경우 무례한 행동이라고 생각한다.

❸ 동성 간에 손을 잡고 길을 걷는 것을 오해한다.

- 한국인의 경우 동성 간에 손을 잡고 길을 걷는 경우가 많은데(여자일 경우가 더 많다) 외국인의 경우는 동성끼리 손을 잡고 길을 걸을 경우 동성애자라고 오해할 수 있다.

2) 글로벌 문화에 따른 사고

(1) 미국 문화

❶ 미국은 타인과 함께 있을 때 재채기를 하는 것은 실례라고 생각하기 때문에 가능한 한 참거나 소리가 나지 않도록 재채기를 한다.

❷ 미국은 식사를 하자고 친구가 제의를 하더라도 더치페이가 기본 매너이다.

❸ 미국 등 외국의 문화를 보면 문을 열고 나올 때와 들어갈 때 타인이 뒤쪽에 있을 경우 문을 잡고 기다려 주는 것이 기본적인 행동이다.

❹ 미국은 처음 만난 사람에게 나이를 물어보는 것은 평등을 중시하는 문화 때문에 실례이다.

(2) 일본 문화

❶ 일본인은 남에게 피해를 주는 것을 싫어하는 문화를 가지고 있어서 "스미마셍"이라는 단어를 자주 사용한다.

❷ 일본은 술을 마실 때 술잔에 술을 완전히 비우기 전에 다시 채우는 것이 매너이다.

❸ 지하철에서도 일본은 개인주의 성향이 강해서 노약자에게 자리를 양보를 하지 않아도 된다고 한다.

❹ 일본인은 본인의 감정을 타인에게 잘 드러내지 않고 속으로만 생각하는 문화를 가지고 있다.

❺ 일본인은 친한 사이에도 신체적 터치를 하는 것을 매너가 없다고 생각한다. 친한 친구 사이에도 신체적 접촉을 하지 않는다.

(3) 중국 문화

❶ 부모와 선배들을 포함하여 자신보다 나이가 많은 사람을 대할 때 존칭으로 구분하기보다는 성을 먼저 부르고 뒤에 직책을 붙여서 부르는 것을 자연스럽게 여긴다.

❷ 중국인은 비즈니스 관계가 아닐 경우 타인을 만나게 되면 의심을 먼저 하는 경향이 있다. 타인에게 본심을 나타내기까지는 많은 시간을 필요로 한다.

❸ 중국인은 황금색과 빨간색을 선호하여 카지노를 방문할 때도 행운을 바라는 마음에서 황금색 또는 빨간색 택시를 탑승하는 것을 선호한다.

❹ 선물을 할 때 포장 색깔은 황금색과 빨간색을 선호하고, 선뜻 받지 않으므로 여러 번 권해야 한다.

(4) 영국 문화

❶ 신사의 나라라는 이미지처럼 온화한 성품을 가지고 있어 격렬하게 언쟁하는 것을 싫어하는 문화이다.

❷ 영국은 여성에 대한 배려를 기본적인 매너로 알고 있어 엘리베이터나 버스를 탈 때 여성을 먼저 배려한다.

❸ 음주를 절제하고 공식적인 자리에서 돈 얘기를 하는 것은 신사도에 어긋난다고 본다.

❹ 공식적인 자리에서 술을 마시며 담배를 피워서는 안 된다고 한다.

❺ 부탁이나 요청할 일이 있을 경우 직접적으로 하기보다는 간접적으로 돌려서 말을 한다.

(5) 태국 문화

❶ 불교국가이며 여성은 승려와 몸이 닿는 것은 고행을 수포로 만든다는 뜻을 가지고 있어 조심하여야 한다.

❷ 아이들의 머리에 손을 대는 것은 혼이 달아난다고 하여 조심해야 한다.

❸ 태국은 상대를 소중히 생각한다는 뜻으로 실을 손목에 묶어주는 문화가 있다.

❹ 왕족을 신성시 하는 문화가 있어 왕궁을 방문할 때는 옷을 입는 것도 주의해야 한다.

3) 음악회 관람 사교

❶ 옷차림은 음악회의 격식에 맞게 편안하고 깔끔한 옷차림을 착용하고 연주를 감상하기에 불필요한 것은 가져가지 않는다.

❷ 공연 중에 입장하는 것은 금지이므로 공연 10분 전 입장을 완료해야 한다. 미리 자리를 확인하는 것도 좋은 방법이다.

❸ 음악회는 연주자 손님에게 음악이 잘 전달될지 민감한 부분임이므로 주변에서 소리가 나지 않도록 관람자 모두 핸드폰을 무음 처리 또는 꺼두는 것이 예의이다.

❹ 정확한 시간에 도착하지 못할 경우는 잠깐 쉬는 시간이나 연주와 연주 사이에 음악

회 직원의 도움을 받아 입장이 가능할 수도 있다.

❺ 공연 도중 좌석에서 앞이 잘 보이지 않을 경우 자리이동은 가능하지만 타인에게 방해가 될 수 있어 관계자에게 요청하여 자리를 변경할 수 있도록 한다.

❻ 연주회는 음식물이 반입이 금지되므로 가능한 식사와 음료는 공연 전후에 이용한다.

❼ 사진 촬영, 녹음 등은 금지되어 있다.

❽ 공연 중간의 휴식시간은 대부분 음악회는 예의를 갖추는 공연이 많아 공연장 밖에서도 조용히 행동하는 것이 좋다.

❾ 연주가 끝난 후 객석을 떠나는 것이 기본적인 예의이다.

❿ 공연 중 몸에 이상이 있을 경우 공연 중인 음악의 완료시점에서 이동한다.

4) 미술관 관람 사교

(1) 미술관 입장 전 사항

❶ 미술관의 특성상 걸어 다니면서 감상하기 위해서 간편한 복장과 편안한 신발을 신는다.

❷ 미술관 입장은 종료시간 1시간 전에 입장하는 것이 예의이다. 관람객이 충분한 시간을 가지고 작품을 감상하기 위함이다.

❸ 미술관을 이용할 때는 가지고 다니는 물품은 타인에게 방해가 될 수도 있고 우산의 경우는 다칠 수도 있기 때문에 입장 전 무료보관함에 보관하고 입장한다.

❹ 입장 전 안내소 입구에 있는 팸플릿(소책자)을 이용하여 관람 순서를 정하는 것도 미술작품을 더 자세히 볼 수 있는 방법이다.

❺ 입장 후 시간적 여유가 없어 전체 작품을 감상하지 못할 경우는 전체를 간단히 감상 후 본인이 가장 관심 있는 곳으로 이동하여 감상하는 것도 방법이다.

❻ 효과적인 작품 감상법은 기존의 유명한 화가 작품에만 관심을 가지지 말고 열린 마음으로 작품을 대하는 것이 중요하다.

(2) 전시장 내에서 지켜야 할 사항

❶ 음식물은 작품을 훼손할 수도 있고 다른 관람객에게 방해가 될 수 있기 때문에 삼가한다.

❷ 휴대전화는 정숙한 관람을 방해하기 때문에 삼가한다.

❸ 작품을 만지는 행위는 작품의 변형을 초래할 수 있기 때문에 삼가한다.

❹ 사진을 찍는 행위는 작품의 변형과 플래시로 인해 다른 관람객에게 방해가 될 수 있기 때문에 삼가한다.

❺ 어린이의 경우 관람예절을 알지 못할 수가 있어 입장 전 올바른 관람예절을 입장 전 설명해 준다.

❻ 외국의 경우 모국어로 설명을 듣기 위해 빌린 오디오와 이어폰은 손상이 가지 않도록 조심히 사용하고 안내데스크에 반납한다.

5) 스포츠 사교

(1) 야구

❶ 야구는 전 세계적으로 인기 있는 스포츠로 응원은 선수들에게 힘이 되고 즐겁게 관람하게 해준다.

❷ 입장 전 최소한의 경기 룰을 숙지하여 경기 관람을 할 수 있도록 한다.

❸ 경기장을 입장할 때는 질서정연하게 입장하고 자신이 응원하는 팀의 코트로 이동하여 자리를 잡는다.

④ 건전하게 응원하는 것이 우선이다. 응원하는 팀이 실책을 하거나 상태가 득점을 하여도 야유를 퍼붓거나 욕설을 하는 행위는 절대 금지이다.

⑤ 선수의 홈런 볼이나 파울 볼을 무리하게 잡으려고 하면 다칠 수 있으므로 주의한다.

⑥ 게임이 끝난 후 주변 정리는 하고 퇴장하는 것이 야구를 더 품위 있게 만들어 줄 수 있다.

(2) 골프

① 골프는 집중을 요하는 게임이므로 선수들에게 방해가 되지 않도록 시끄럽게 떠들지 않는 것이 중요하다.

② 갤러리도 기본 복장을 착용한다.

③ 스윙 중에는 조용히 하고 스윙이 끝난 후에 이동한다.

④ 휴대전화, 카메라 셔터 소리는 선수들의 집중에 방해가 되므로 사용하지 않는다.

⑤ 경기 중인 선수를 비난하는 행위는 삼가한다.

⑥ 좋아하는 선수만 응원하는 행위도 삼가한다.

⑦ 코스 이동 시 선수와 캐디가 먼저 이동할 수 있도록 한다.

화술이 뛰어난 사람의 특징

- 자신의 말보다 타인의 말을 들어주고 공감해 준다.
- 유머와 위트가 있다.
- 자신의 일에 대해 열정을 가지고 있어 자신감이 넘친다.
- 친화력이 뛰어나 대화의 주제가 있을 경우 풍부한 경험을 바탕으로 자신을 표현한다.

2 꼭 익혀야 할 활용영어 TIP

1) 비즈니스 영문 이메일 작성방법

(1) 이메일 제목

정중한 단어를 선택하고, 내용을 한 문장으로 요약·작성한다. 보내는 이메일 내용과 연관된 제목을 쓰는 것이 좋다.

예) The 21st Weekly Report

(2) 이메일 인사말

평범하고 단순한 인사말도 좋고, 시간대에 맞는 인사는 더욱 정중할 수 있다.

❶ 담당자의 이름을 모르는 경우 : Dear Sir/Madam

❷ 담당자의 이름을 아는 경우 : Dear Mr./Ms. Lee

❸ 정중하게 시간대에 맞는 인사를 덧붙이는 경우 : Good Morning/Good afternoon Sir/Mr.

❹ 친한 동료에게 보내는 경우 : Hello. Hi. Lee. How are you?

(3) 이메일 본문

핵심만 간결하고 진중하게 작성한다.

다음의 영어 예문이 주로 쓰이는 표현이다.

- I am writing to ask… : …를 요청하기 위해 이메일을 작성합니다.
- I am writing to make a reservation… : …를 예약하기 위해 이메일을 작성합니다.
- I am writing to confirm… : …를 확인하기 위해 이메일을 작성합니다.
- I am writing to inform… : …를 알리기 위해 이메일을 작성합니다.
- I am pleased to inform you that… : …를 알려드릴 수 있게 되어 기쁘게 생각합니다.
- Please let me know if I can be of any further assistance. : 다른 도움이 필요하시다면, 연락 주시기 바랍니다.
- Thank you for your e-mail regarding… : …과 관련하여 이메일을 주셔서 감사합니다.

(4) 비즈니스 영문 이메일 작성의 기본 원칙은 쉬운 단어로 쓴다

어려운 표현은 간결하면서도 쉬운 단어로 작성한다.

approximately → about (~에 관하여)	at the present time → now (현재)
commence → begin (시작하다)	provide → give (주다)
concur → agree (동의하다)	therefore → so (그래서)
in addition → also (또한)	utilize → use (사용하다)
in the event that → if (만약)	numerous → many, most (많은)
initiate → start (시작하다)	request → ask (부탁하다)
terminate → stop (멈추다)	however → but (그러나)

(5) 회신을 위한 서명

발신자의 이름, 연락처, 직책 등을 기입한다.

❶ Kookje Korea Corporation

Tel. +82-2-1234-1234

❷ Jung eun-kyung Executive Assistant. Kookje MOBIS Co.,Ltd.

E-mail : jinyoung Lee@mobis.co.kr

Phone : +82-2-1234-1234

2) 전화 비즈니스 인사법

> **비즈니스 전화영어 핵심요약**
>
> – 인사
>
> – 소속과 이름 밝히기
>
> – 비즈니스 담당자 요청

전화는 대면하지 않고 통화로만 연락을 하기 때문에 좀 더 신중하게 할 필요가 있다. 먼저 회사소개와 본인소개를 하는 것이 인사 방법이다.

A : Hello. Thank you for calling Kookje company.

B : Hello. This is Lee calling from International company. Can I speak to Miss Jung, Please?

A : Speaking.

- **Thank you for calling (소속).**

  감사합니다. ㅇㅇ입니다.

- **This is (이름) calling from (소속).**

  저는 ㅇㅇ 누구입니다.

- **Can I speak to (통화상대방), please?**

  ㅇㅇ씨와 통화할 수 있을까요?

위의 영어표현이 비즈니스 전화통화에서 가장 많이 사용된다. 다른 표현들은 다음과 같다.

- Could I talk to (통화상대방)?
- May I speak with (통화상대방)?
- Could you put (통화상대방) on the phone?
- I'd like to speak (통화상대방)?

만약 상대방이 소속을 밝히지 않을 경우에는 다음과 같은 표현을 쓴다.

- **Who's calling, please?**

다른 표현들은 다음과 같다.

- May I know/ask who's calling, please?
- Who is this, please?

상대방이 찾는 경우가 본인인 경우

- **This is he(she).**
- **Speaking.**

3) 비즈니스 미팅을 위한 영어 사용법

글로벌 시대 비즈니스에서 가장 중요한 미팅 용어 중에서 가장 많이 사용되는 예문으로 비즈니스 대화 시 사용한다.

- I'd like to open our new project meeting.

  새로운 프로젝트를 시작하겠습니다.

- The purpose of this meeting is our new project.

  이 회의 목적은 우리의 새로운 프로젝트입니다.

- The meeting has been moved to Friday.

  회의가 금요일로 변경되었습니다.

- We'll have a meeting tomorrow.

  내일 회의를 할 예정입니다.

- Thank you for being with us.

  이 자리에 함께해주신 여러분께 감사의 말씀드립니다.

Worksheet

1. 비즈니스 자리에서의 인사법에 대해 알아보자.

2. 세계 여러 나라의 문화와 비교하여 한국문화의 장점에 대해 토론해 보자.

3. 음악회, 미술관람, 스포츠 관람 등 관람 전 예약 방법과 관람 시 행해야 하는 행동 등에 대해 토론하고, 이전에 관람해 본 결과에 따른 관람객들의 형태와 문제점 등을 토론해 보자.

Chapter

11

테이블매너

(Table Manners)

1. T.P.O에 따른 식사 매너

2. 와인과 주류매너

학습목표

1. 한국, 일본, 중국, 서양에서 기본적으로 지켜야 할 식사예절을 알아본다.
2. 한국, 일본, 중국, 서양의 가장 대표적인 음식에 대하여 알아본다.
3. 와인의 종류와 매너에 대해서 알아본다.

1 T.P.O에 따른 식사 매너

T.P.O(Time, Place, Occasion)란 시간, 장소, 상황에 맞는 태도나 마음가짐, 에티켓을 의미한다. 에티켓이란 한 사람이 살고 있는 사회에서 기본적으로 지켜야 할 예의를 말한다. T.P.O에 따른 식사 매너는 시간, 장소, 상황에서 기본적으로 지켜야 할 식사 예의라고 말할 수 있다.

1) 한식에 따른 식사 매너

우리나라에 "밥은 봄같이 먹고, 국은 여름같이 먹고, 장은 가을같이 먹고, 술은 겨울처럼 먹어라"는 속담이 있다. 이는 "밥은 따뜻하게, 국은 뜨겁게, 장은 서늘하게, 술은 차갑게 먹어라" 하는 우리 조상들의 음식을 대하는 지혜가 담겨 있다. 또한 우리나라 음식문화의 기본적인 특징을 잘 나타내고 있다.

(1) 한식의 특징

- 한식은 삼면이 바다이고, 산과 평야가 많은 우리나라의 지형적인 특징으로 인해 다양한 해산물, 어패류, 해조류와 채소와 나물류에 대한 풍부한 음식 자원과 조리법을 가지고 있다.
- 한식은 주식, 부식, 장, 후식 등으로 종류가 다양하다. 주식은 끼니때 주로 먹는 음식으로 밥, 죽, 면 등을 말한다. 부식은 주식과 함께 먹는 음식으로 국, 찌개, 전골, 나물, 김치 등으로 주로 반찬을 말한다. 장은 된장, 고추장, 간장 등을 말하며, 후식은 식혜, 수정과, 한과 등과 같이 식사 후 먹는 음식을 한다.
- 우리나라는 동서남북의 기후조건이 달라서 지역별 특산품과 고유의 음식문화가 형성되어 있다.
- 설날에는 떡국, 만둣국, 정월대보름에는 오곡밥과 묵은 나물 등, 삼복에는 삼계탕, 육개장, 추어탕 같은 보양식, 추석에는 송편, 동지에는 팥죽과 새알심 등과 같이 절식(節食)이 있다.
- 사계절이 뚜렷한 우리나라는 계절마다 신선한 재료로 만들어 먹는 시식(時食)이 있다.
- 김치, 젓갈, 장아찌 등과 같은 발효식과 저장 음식이 발달되어 있다.
- 모든 음식이 한상에 모두 차려지는 상차림과 좌식 문화의 특징을 가지고 있다.
- 동의보감에 "음식은 약이다"라고 적혀 있듯이 건강과 식사의 중요성을 인식하고 있다.
- 식사도구로는 숟가락과 젓가락을 사용한다.

(2) 한식의 대표음식

❶ 김치

김치는 추운 겨울에 채소를 먹을 수 없었던 것을 대비하여 만든 우리나라의 대표적인 발효음식이다. 김치는 배추, 무 등을 소금에 절여 고춧가루, 파, 마늘, 생강, 젓갈 등의 양념으로 버무려서 발효시켰던 먹었던 음식이다. 김치는 '채소를 소금물에 담근다'라는 침채(沈菜)에서 시작하여 팀채, 딤채, 김채, 김치 순으로 변화하였다. 지역에 따라 독특한 향토 김치가 있다. 예를 들어 개성에는 보쌈김치, 전라도는 고들빼기 김치, 공주에는 깍두기, 강화도는 순무 김치가 있다. 또한 지역별로 김치에 들어가는 양념과 젓갈에 차이가 있다.

❷ 불고기

불고기는 외국에도 널리 알려지고 좋아하는 대표적인 한국음식이다. 외국에도 고기를 구워 먹는 문화가 있지만, 우리나라는 여러 가지 양념으로 고기를 미리 재워 두었다가 굽는다는 것이 다른 특징이다.

불고기는 고구려 시기에 맥적에서 유래되었다. 맥적이란 '고기를 고챙이에 꿰어서 직화로 구운 구이'로 「예기(禮記)」에 기록되어 있는데, 이를 오늘날의 불고기의 원조였을 것이라고 짐작하고 있다.

❸ 비빔밥

비빔밥은 각종나물이나 채소, 쇠고기, 버섯, 달걀지단 등을 밥에 얹어 비벼서 먹는 밥을 말한다. 비빔밥에는 단백질과 비타민 등의 모든 영양소가 있는 균형잡힌 음식이다. 또한 다양한 채소와 고기, 달걀, 고추장 등에 나오는 아름다운 색깔이 조화를 이룬 시각적인 음식이기도 하다. 이로 인해 불고기 만큼 외국에서 선호하는 음식이며, 한식에 세계화를 이룬 대표적인 음식이다.

비빔밥의 기원은 문헌상으로는 1800년대 말 「시의전서」에 비빔밥을 공동반이라고 기록되어 나타나지만, 그 이전에부터 있었을 것이라고 추정하고 있다. 그 이유는 예부터 산신제나 제사 등의 차려진 제물을 여러 사람들과 함께 여러 가지 제물을 밥에 비벼먹었던 것이 비빔밥의 원조로 보고 있기 때문이다.

(3) 식사예절

한식에서 식사예절은 개인뿐만 아니라 가정의 됨됨이를 알 수 있다고 생각하였다. 한식에서의 식사예절은 다음과 같다.

- 어른과 함께 식사를 할때에는 어른이 먼저를 수저를 든 다음에 아랫사람이 들도록 한다.
- 숟가락과 젓가락을 한 손에 들지 않으며, 하나를 사용하면 다른 하나는 상위에 놓는다. 숟가락이나 젓가락은 그릇에 걸치거나 얹어놓지 않아야 한다.
- 밥이나 국그릇을 손으로 들고 먹지 말아야 한다.
- 국, 찌개 등과 같이 국물이 있는 음식은 숟가락, 김치 등의 다른 반찬들은 젓가락을 사용한다.

- 음식을 먹을 때 소리내지 말아야 한다.
- 먹지 않는 것을 골라내거나 음식에 양념을 털어내고 먹지 않는다.
- 어른과 함께 먹을 때에는 먼저 어른이 수저를 내려놓은 다음에 따라서 내려놓는다.
- 음식을 다 먹은 후에는 수저를 처음 위치에 가지런히 놓는다.

2) 일식에 따른 식사 매너

(1) 일식의 특징

- 한식처럼 주식과 부식이 구분되어 있다.
- 두부, 미소, 유부, 낫토 등과 같은 콩을 이용한 음식이 발달되어 있다.
- 식품 본래의 신선함과 맛, 질감, 향을 중요시한다.
- 불교의 영향으로 고기류와 유제품 등을 이용하는 음식이 결여되어 있다.
- 식기는 1인분씩 따로 쓰고 소식한다.
- 음식을 먹을 때 젓가락만 사용한다.
- 국과 찜은 뚜껑이 있는 그릇에 담는다.

(2) 일식의 대표음식

❶ 초밥(스시)

초밥은 일본의 가장 대중적인 음식이다. 초밥은 다시마 물과 미림 술로 지은 밥에 식초, 소금, 설탕 등으로 조미해서 달걀, 생선, 조개류 등을 밥속에 넣어 만든 음식이다. 초밥에는 생선초밥, 유부초밥, 상자초밥, 김초밥 등으로 종류가 다양하다.

스시는 15세기 무렵부터 일본에서 독자적으로 발전하기 시작했다. 처음에는 생선을 썰어서 소금을 뿌리고 뜨거운 밥을 섞어서 발효시킨 음식이었다. 스시를 만드는 시간을 단축하기 위해서 유산발효에 생긴 신맛 대신에 식초를 사용하였다. 그후 18~19세기부터는 더욱 간단하게 만들기 위해서 와사비를 바른 생선회를 올려 만든 형태로 변화하였다.

❷ 소바와 우동

소바는 메밀과 밀가루를 혼합하여 만든 국수로, 국물을 차갑게 하고 와사비를 넣어 면의 맛을 돋우어 먹는다.

우동은 4mm 굵기의 밀가루로 만든 국수이다. 가쓰오부시, 멸치, 다시마로 우려된 국물로 추운 겨울에 따뜻하게 먹는 음식이다. 면보다는 국물 맛이 중요하며, 국물의 맛은 지역에 따라 차이가 있다.

❸ 돈부리

돈부리는 흰쌀밥에 다양한 육류, 어류, 채소 등을 요리해서 얹고 맛있는 다시물을 자작하게 부어 먹는 요리이다.

- 규동 : 얇게 썬 쇠고기를 조리하여 얹은 것
- 가츠동 : 돈가스를 썰어 얹은 것
- 텐동 : 다양한 튀김류를 얹은 덮밥

- 오야교동 : 닭고기와 달걀을 얹은 덮밥
- 우나동 : 찌거나 구운 장어를 얹은 덮밥

(3) 식사예절

- 식사하기 전에 반드시 인사를 하고 젓가락을 들어야 한다.
- 밥그릇, 국그릇, 조림그릇의 순으로 뚜껑을 연다.
- 양손으로 밥공기를 들어 왼손 위에 올려놓고, 오른손으로 젓가락을 집어 먹는다.
- 국그릇을 두 손을 들어 젓가락으로 건더기를 먹고, 젓가락으로 건더기를 누르고 국물을 마신다.
- 조림은 그릇째로 들어서 먹거나 국물이 없는 것은 뚜껑에 덜어서 먹는다.
- 회는 나눔 젓가락으로 접시의 가장자리에서부터 차례로 덜어 와사비와 간장에 찍어 먹는다.
- 생선은 머리 쪽의 등살에서부터 꼬리 쪽으로 먹는다.
- 밥이나 국은 세 번까지 더 먹어도 된다.
- 식사 후에는 뚜껑이 있는 경우에는 덮고, 젓가락은 상 위에 가지런히 놓는다.
- 차는 찻잔을 두 손으로 들어 왼손은 찻잔 밑을 받치고 오른손으로 찻잔을 쥐고 마신 다음 뚜껑을 다시 덮는다.

3) 중식에 따른 식사 매너

(1) 중식의 특징

- 간단한 조리도구만 사용한다.
- 한 그릇에 음식을 모두 담아 시각적으로 화려하게 장식하여 식욕을 자극한다.
- 차를 즐기고 많이 마신다.
- 식용 가능한 모든 동식물이 식재료가 된다.
- 중국 요리의 특유의 맛은 기름을 사용하여 고온 단시간에 조리하고, 파, 마늘, 생강 등의 향신료를 사용한다.
- 생식을 하지 않고, 반드시 불이나 뜨거운 믈을 사용하여 익혀먹는 조리법을 사용한다.
- 손님을 접대하기 위한 식단은 전채, 주채, 뎬신으로 나뉜다. 음식의 가짓수는 인원수나 인원수보다 한 가지 정도 많이 준비한다.

전채 : 연석에서 처음 나오는 음식으로 두 종류 이상의 냉채를 말한다. 술안주 음식으로 4, 6, 8등 짝수로 담아낸다.

주채 : 튀김, 볶음, 류채, 조림, 고기구이인 고채 중 몇 가지를 내고 수프나 탕채로 마무리한다. 음식의 순서는 전채, 탕해, 생선, 고기 요리 순으로 또한 진한 맛에서 담백한 맛으로, 진한 색에서 연한 색으로, 바다 음식에서 육지 음식 순으로 낸다.

뎬신 : 간단한 식사나 디저트를 말한다. 뎬신의 종류에는 찹쌉과자, 튀김과자, 찐만두, 국수나 과일을 말한다.

(2) 중식의 대표음식

❶ 북경오리

북경오리는 북방민족의 고유한 음식이다. 오리를 독특한 방식으로 살을 찌운 후, 몸 표면에 엿을 발라 그늘에 말린다. 그리고 난후, 장작불 위헤 매달아 놓고 표면이 갈색이 될 때까지 은근하게 굽는다. 먹는 방법은 밀전병에 오리껍질과 채썬 파, 오리를 함께 싸서 간장소스나 칠리소스를 등에 맞게 찍어 먹는다.

❷ 동파육

동파육은 상해 지역의 대표 요리이다. 동파육은 문장가인 소동파가 처음 개발하여 '동파육'이라고 이름을 지었다는 유래가 있다. 만드는 방법은 돼지고기 삼겹살을 큼직하게 썰어 다양한 조미료를 넣고 뚝배기에 담아 오랫동안 푹 익혀서 만든 음식이다. 큼직한 덩어리 고기이지만 부럽고 느끼지 않은 독특한 음식이다.

❸ 불도장

"스님도 이 음식의 냄새를 맡고 담을 넘었다"는 유래에서 불도장이라고 이름이 지어졌다고 한다. 불도장은 다양한 육류와 30개의 재료, 12가지의 조미료를 소홍주 술항아리에 채워 연잎이나 얇은 종이로 덮어 약한 불에서 오랫동안 고아서 만든 음식이다.

(3) 식사예절

- 큰 식탁에 둘러 앉아 큰 접시에 나오는 음식을 여러 사람들과 나누어 먹는다.
- 회전 식탁인 경우 시계 방향으로 돌린다.
- 주빈이 가장 안쪽 자리에 앉으며, 음식이 나오며 주빈이 먼저 먹도록 한다.
- 술의 종류는 주빈이 정하도록 한다.
- 숟가락은 탕을 먹을 때만 쓰고, 나머지는 음식들은 젓가락을 사용하여 먹는다.
- 중국에서는 짝수를 행운의 수로 여기는 풍습이 있어 요리의 수를 짝수로 한다.
- 밥이나 면류, 탕류를 먹을 때에는 고개를 숙이지 않고 필요한 경우 그릇을 받치고 먹는다.
- 요리접시를 완전히 비워서 먹는 것은 결례이므로 조금씩 남긴다.
- 차를 마실 때에는 받침까지 함께 들고 마신다.
- 술을 마실 때에는 보통 첫잔은 건배를 하는데. 술잔을 부딪히지 않고, 눈만 가볍게 마주친다.

4) 양식의 식사 매너

(1) 양식의 특징(미국식 음식)

- 양식은 스페인과 프랑스 요리에 기본 바탕을 가지고 있으며, 영국식 문화가 기초를 이루고 있다. 그후 세계 여러 나라의 이민국의 식문화가 혼합되어 있다.
- 주스와 샐러드 요리, 통조림, 기타 보존 식품의 음식이 발달되어 있다.
- 햄버거와 핫도그는 독일 요리인 햄버거 스테이크를 토마토 소스에 뿌려 먹는 간편한 음식으로 변화시켰다.
- 미국의 일상식은 간편하게 되어 있다.

  아침 : 시리얼류, 감자튀김, 달걀프라이, 우유, 빵, 커피 등

점심 : 볼로냐, 샌드위치, 핫도그, 감자칩과 탄산음료 등

저녁 : 비프스테이크, 감자튀김, 해물요리

- 식재료는 육류와 감자를 주로 사용하며, 강한 향신료를 사용하지 않는다.
- 단맛이 강한 후식과 음료를 좋아한다.
- 오븐을 사용하는 조리법이 많다.

(2) 양식의 대표음식(미국)

❶ 햄버거

햄버거는 쇠고기를 갈아만든 패티와 양상추, 토마토, 양파 등의 채소와 토마토 케찹을 빵 사이에 넣고 먹는 미국의 대표적인 음식이다.

❷ 핫도그

롤빵 사이에 소시지와 다진 양파, 오이피클을 넣고, 겨자소스를 넣어 먹는 음식이다.

❸ 스테이크

쇠고기를 두껍게 썰어 직화나 프라이팬에 굽는 음식이다. 쇠고기의 부위에 따라 안심, 설로인, 티본 스테이크 등으로 부르며, 개인 식성에 따라 굽는 정도가 달라질 수 있다.

❹ 칠면조 고기

미국의 명절인 추수감사절에 먹는 대표 음식이다. 칠면조 고기는 칠면조 뱃속에 조그마하게 자른 식빵과 허브를 이용한 양념을 넣고 장시간 구운 음식이다.

(3) 식사예절

- 입안의 음식물이 보이지 않게 먹는다.
- 음식물이 입안에 있을 때 말하지 않는다.
- 음식을 불지 않는다.
- 냅킨을 식사의 주최자가 펼 때 식사가 시작된다.
- 나이프는 오른손, 포크는 왼손에 경사지게 잡고 든다.
- 포크와 나이프는 바깥쪽에 있는 것부터 순서대로 사용한다.
- 다리를 꼬고 앉지 않는다.

사례

CNN이 선정한 세계에서 가장 맛있는 음식 순위

CNN이 선정한 세계에서 가장 맛있는 음식 순위 영광의 1위를 차지한 음식은 바로 인도네시아의 대표 음식 렌당이다. 소고기를 코코넛 밀크와 레몬그라스, 마늘, 고추 등의 양념을 하여 만든 스튜 형식의 고기찜이다.

CNN이 선정한 세계에서 가장 맛있는 음식 순위 2위는 인도네시아의 음식으로 잘 알려진 나시고랭이다. 나시고랭은 인도네시아는 물론 한국에서도 많은 사람들이 찾고 있는 음식으로 쌀, 달걀, 닭고기, 새우 등을 함께 볶아 인도네시아 특유의 향신료로 맛을 낸 볶음밥이다.

3위를 차지한 음식은 일본의 스시. 싱싱한 해산물을 밥 위에 올려 먹는 독특한 요리로 생선회를 좋아하지 않는 사람들도 부담 없이 먹을 수 있는 요리라 할 수 있다.

4위의 음식은 세계 3대 스프라고 불리는 태국의 똠양꿍이다. 똠양꿍 특유의 시고 매콤하면서 달콤한 맛의 조화에 빠지면 쉽게 헤어 나오질 못한다고 한다. 하지만 독특한 맛 때문에 아직 호불호가 갈리는 음식이기도 하다.

참고로 CNN이 선정한 최고의 한국음식은 1위가 해장국, 2위 삼겹살, 3위 짜장면, 4위 치맥, 5위 부대찌개라 선정하였다.

출처 : CNN이 선정한 세계에서 가장 맛있는 음식 순위 알아봐요~ 작성자 먹순이

2 와인과 주류매너
(Wine manners)

1) 와인의 정의

와인은 포도즙을 발효하여 만든 알코올이 있는 음료를 말한다. 그리스 철학자 플라톤은 와인을 "신이 인간에게 내려준 최고의 선물"이라고 하였다.

2) 와인의 종류

와인은 제조방법, 색, 맛, 무게감, 용도에 따라 분류한다.

쉬어가기

술은 비와 같다. 진흙에 내리면 진흙은 더욱 더럽게 되나 옥토에 내리면 아름답게 하고 꽃피게 된다.

-J. 헤이-

(1) 제조방법에 따른 와인 종류

스틸와인	기포가 없는 일반적인 와인
발포성와인	탄산가스가 들어 있어 기포가 발생되는 와인
주정강화와인	알코올을 첨가한 와인
향와인	과실즙이나 약초를 첨가해서 향을 좋게 만든 와인

(2) 색에 따른 와인 종류

레드와인	붉은 빛이 나는 와인 신맛과 단맛, 타닌이 조화를 이루는 맛 레드와인의 대표적인 품종은 카베르네 소비뇽, 메를로, 피노 누아
화이트와인	화이트와인 포도즙 만으로만 발효한 와인 신맛과 단맛을 아우르는 부드러움이 특징 화이트 와인의 대표적인 품종은 샤르도네, 소비뇽 블랑, 리슬링
로제 와인	레드와인처럼 포도껍질, 씨와 함께 발효함 발효기간 동안 껍질을 우려내는 시간이 적포도주보다 짧음 가벼운 식사나 발렌타인 데이나 크리스마스에 선물용으로 적합

(3) 맛에 따른 와인의 종류

드라이 와인	단맛이 없는 와인 대부분 레드와인이 드라이 와인임
미디엄 드라이 와인	약간의 단맛이 있는 와인
스위트 와인	단맛이 강한 와인 대표적으로 프랑스의 쏘떼른, 독일, 캐나다의 아이스 와인, 헝가리의 토카이와인

(4) 무게감에 따른 와인의 종류

구분	내용
라이트 바디 와인	무게감이 가벼운 와인 프랑스의 보졸레, 로제와인
미디엄 바디 와인	무겁지도 가볍지도 않은 와인
풀 바디 와인	묵직하고 강렬한 느낌 까베르네 소비뇽

(5) 용도에 따른 와인의 종류

구분	내용
식전	식사 전에 입맛을 돋우는 와인 스파클링 와인이나 드라이한 맛의 백포도주 또는 셰리주
식사중	식사하면서 마시는 와인 음식과 적합한 와인으로 레드와인, 화이트와인, 로제와인 중에 선택
식후	후식과 함께 마시는 와인으로 단맛의 와인

3) 와인 테이스팅

와인 테이스팅(Wine Tasting)은 와인을 맛보고 객관적으로 평가하는 것이다. 와인 테이스팅은 입으로만 맛을 보는 것이 아니라 눈으로 보고, 코로 냄새 맡고, 입으로 맛을 보는 것이다. 와인 테이스팅 하는 순서는 다음과 같다.

❶ 눈으로 보기

와인의 색과 투명도를 확인해야 한다. 하얀 냅킨이나 종이 위에 잔을 약간 비스듬히 기울여 와인의 숙성도와 유질감을 확인할 수 있다. 레드와인은 숙성정도에 따라 퍼플 – 루비 – 레드 – 가넷 – 토니의 색상을 나타낸다. 화이트 와인은 레몬그린 – 레몬 – 옐로우 – 골드 – 브라운의 색상을 나타낸다.

❷ 코로 향기 맡기

와인을 흔들지 않고 잔에 코를 가까이 대고 처음으로 올라오는 향을 맡는다. 이 향은 '아로마'라고 하며, 포도 본래의 향이다. 그 이후에 부드럽게 와인잔을 돌려 냄새를 맡는다. 이때 향은 '부케'라며 와인의 숙성된 향이다.

❸ 입으로 맛을 확인하기

입으로 확인할 때는 입에 먼저 머금고 천천히 굴리면서 맛을 음미한다. 와인맛은 단맛, 신맛, 떫고 신맛, 알코올 4가지 맛의 균형이 맛을 결정한다. 알코올 도수가 높을수록 깊은 맛을 느낄 수 있다.

사례

名士들이 좋아하는 와인 어떤 게 있나

- **클로 드 부조(Clos de Vougeot)** : 프랑스 부조 마을에 있는 그랑 크뤼(grand cru) 포도원으로 12세기부터 수도사들이 와인을 만들어 왔다. '클로(Clos)'는 '울타리를 친 밭'을 뜻한다. 수도사들이 관리를 위해서 담을 쌓았기 때문이다. 로마네 콩티, 샹베르탱, 뮈지니와 함께 부르고뉴를 대표하는 최상급 레드 와인이다.

- **무통 로칠드(Mouton Rothschild)** : 1855년 만들어진 보르도 그랑 크뤼 분류에서 유일하게 등급이 상승한 와인이다. 이는 와인 역사에서 가장 파격적인 사건 중 하나였다. 매년 다른 화가의 그림이 라벨을 장식하는 '디자인 마케팅'으로 유명하며, 캘리포니아에서는 로버트 몬다비와 손잡고 '오퍼스 원'을, 칠레에서는 콘차 이 토로와 함께 '알마비바'를 생산하면서 국제적인 세를 과시하고 있다.

- **라피트 로칠드(Lafite Rothschild)** : 보르도에서 가장 균형미가 좋다고 알려진 와인이다. 1855년 그랑 크뤼 분류 당시에 보르도에서 가장 비싼 와인이기도 했다. 무통 로칠드와 마찬가지로 로스차일드 가문에서 사들였으며, 현재까지 같은 가문에서 와인을 만들고 있다.

- **리쉬부르(Richebourg), 앙리 자이에(Henry Jayer)** : 리쉬부르는 프랑스 본 로마네(Vosne Romanee) 마을에 있는 특등급 포도원이다. 로마네 콩티 북쪽으로 이어져 있는 밭이다. 로마네콩티(DRC), 르루아(Leroy), 그리고 앙리 자이에 등 소유주들이 있어서 여러 도메인(domaine · 주로 부르고뉴 지방의 와인생산자) 이름으로 와인이 생산된다. 앙리 자이에는 현대적인 방식으로 와인을 만들면서 부르고뉴 와인의 파워를 증대시켰고, 젊은 양조자들에게 그 영향력이 절대적이었다. 만화 '신의 물방울'에서 극찬을 받았다.

- **뮈지니(Musigny), 콩트 조르쥬 드 보귀에(Comte Georges de Vogue)** : 뮈지니는 부르고뉴에서 가장 우아한 와인으로 알려져 있다. 여성적이고, 화사하며, 향긋하다. 콩트 조르쥬 드 보귀에는 1400년대부터 부르고뉴에 정착해서 와인을 만들어온 명가이다.

- **오 브리옹(Haut-Brion)** : 보르도 그라브 지역을 대표하는 맹주. 미국계 은행가인 딜롱(Dillon) 가문에서 취득했으며, 현재는 손자인 룩셈부르크 공이 소유하고 있다. 프랑스 외무장관이던 탈레이랑이 소유하고 있던 당시에는 비엔나 회의에 가져가서 접대를 했다는 전설이 남아 있다.

- **샹베르탱(Chambertin)** : 프랑스 제브레 샹베르탱 마을에서 생산되는 최고의 와인. 로마네 콩티와 더불어 부르고뉴에서 가장 강건한 레드 와인으로 알려져 있다. 남성적이며 강력한 향기, 고급스러움에서 부르고뉴를 대표한다.

조선일보 2007. 9. 8일자

Worksheet

1. 한국, 일본, 중국, 서양의 대표적인 음식과 예절에 대하여 작성해 보자.

	대표음식	식사예절
한국		
일본		
중국		
서양		

Worksheet

2. 와인의 제조방법, 색, 맛, 무게감, 용도에 따라 분류해 보자.

제조방법	
색	
맛	
무게감	
용도	

3. 와인 테이스팅 순서를 작성해 보자.

Chapter 12

면접도 마케팅이다

(Interview is also marketing)

1. 취업의 모든 것
2. 최근 면접질문과 방법

학습목표

1. 취업에 필요한 과정을 알아본다.
2. 취업면접의 유형들을 알아본다.
3. 취업면접에서 성공할 수 있는 준비기술을 알아본다.

1 취업의 모든 것

모든 일에는 과정이 있다. 취업을 하기 위해서도 과정이 필요하다. 단순히 이력서와 자기소개서라는 문서를 제출하고 인적성검사를 통과하고 면접을 보는 것으로 취업이 되는 것이 아니다. 취업을 하기 위해서는 자신이 취업하고자 하는 곳에는 어느 분야들이 있는지, 그곳에서 필요로 하는 가장 기본적인 역량은 무엇인지, 사회에서 요구하는 기본적인 인성은 가지고 있는지 등을 확인하는 기초 과정이 필요하다. 이러한 과정은 짧은 시간을 가지고 준비해서 쓸 수 있는 것이 아니다.

최근에 요구하는 이력서와 자기소개서는 취업을 위한 개인의 간단한 정보만을 요구하는 것이 아니다. 자신의 지원하고자 하는 곳에 적합한 경력, 능력, 지식, 기술 등이 무엇인지 알고 있으며, 이에 대하여 자신의 적합성을 얼마나 잘 가지고 있느냐를 글로 객관성을 가지고 논리적으로 기술해야 한다. 그러므로 취업과 관련된 충분한 자기이해와 직업과 직무에 대한 이해 그리고 이에 대한 준비상태에 대한 점검이 필요하다. 이러한 과정을 잘 정리한 사람만이 다른 사람과 차별화된 자신을 홍보하여 취업에 한발 더 다가갈 수 있다.

1) 이력서

이력서(履歷書)는 취업을 하기 위해서 처음으로 회사(조직)에 제출하는 필수적인 문서이다. 이력서와 자기소개서라는 문서의 첫 번째 관문을 통과해야 두 번째 관문인 면접을 볼 수 있다. 이력서는 자신이 어떤 사람인지를 한 번에 보여주게 되는 문서이다. 이력서에 필요한 내용은 취업과 관련된 인적사항, 학력, 자격, 경력, 수상내역, 어학능력 등의 사항을 체계적으로 작성해야 한다. 이력서는 기본적인 양식으로 정해져 있어 때문에, 자신의 개성으로 나타내기보다는 '객관적 사실'을 가지고 작성해야 한다. 이력서 내용의 구성은 다음과 같다.

구분	내용
인적사항 (이름, 연락처, 생년월일, 주소 등)	• 성명은 한글, 한자, 영문이름으로 작성하도록 되어있다. • 생년월일과 주소는 주민등록상의 내용을 기재한다. • 연락처와 이메일은 서류전형의 합격통보, 면접일정 협의 등을 위해 사용되므로 실수 없이 작성해야 한다. ※ 종종 희망연봉을 기재하도록 되어 있다. 희망연봉을 기재하기 위해서는 본인의 역량을 정확하게 알고, 지원하는 분야의 평균 연봉을 미리 알아두는 것이 필요하다. 혹시 지원 분야의 평균임금을 파악하기 어려울 경우에는 "회사내규에 따름"이라고 기재해도 된다.
지원분야	• 희망 직무나 분야에 대하여 오른쪽 상단 위에 기재하도록 한다.
학력사항	• 학력사항은 고등학교부터 최종 학력까지 작성한다. • 작성 시에는 입학년월일과 졸업년월일을 작성한다. • 학점을 기재해야 할 때에는 성적증명서에 나와 있는 학과나 학점이 일치하도록 작성해야 한다.
자격사항	• 자격사항은 지원하고자 하는 직종이나 직무와 관련된 자격증부터 우선적으로 작성한다.
경력사항	• 경력직은 지원하고자 하는 업무와 관련된 경력을 최근 시기부터 차례대로 작성한다. • 신입사원으로 지원할 경우에는 지원하고자 하는 분야의 아르바이트, 인턴, 계약직, 현장체험 등의 내용을 작성한다.

증명사진	• 적어도 6개월 이내에 사진으로 계절에 맞는 복장으로 단정하고 신뢰감 있는 느낌의 사진으로 제출한다. • 주의할 점으로는 좋은 인상을 전달하기 위해 과도한 편집을 하지 않도록 해야 한다. 과도한 편집으로 인해 이력서의 사진과 구직자의 이미지가 지나치게 상이할 경우 면접자들에게 부정적인 이미지를 줄 수 있다.
서명날인	• '위 내용은 사실과 다름없음을 확인합니다'을 쓰고 지원일자와 성명 그리고 도장이나 사인으로 증명한다.

이력서는 서류전형의 첫 번째 관문이다. 또한 수많은 이력서를 읽는 면접관 입장에서는 지원자들의 작은 실수가 크게 보일 수 있다. 따라서 지원자들은 작은 실수로 인해 감점을 당하지 않도록 다음과 같은 꼼꼼한 점검이 필요하다.

- 증명사진이나 중요한 부분을 생략하지 않았는지
- 오타가 있는 것은 아닌지
- 자격증이나 경력사항에 누락시킨 것이나 수정사항은 없는지
- 지원일자를 맞게 썼는지

2) 자기소개서

이력서는 지원자의 '객관적인 사실'을 한눈에 파악할 수 있는 것이라면, 자기소개서는 이력서에서 표현하지 못했던 자신의 강점을 적극적으로 표현할 수 있다.

자기소개서는 면접자들이 면접자료로 활용하기 때문에, 지원자가 경험한 진실한 내용을 작성하도록 해야 한다. 지원자가 경험한 내용을 작성할 때에는 여러 가지의 경험을 나열하는 것으로만 작성해서는 안 된다. 지원자의 다양한 경험들 중에서 어떤 어려움이 있었는지, 그 어려움을 극복하기 위해서 어떤 마음가짐으로 어떻게 극복하였는지, 지원하고자 하는

직업과 직무에 대해서 무엇을 어떻게 준비했는지, 입사 후 비전은 무엇인지에 대한 내용들로 작성하도록 한다. 기본적인 자기소개의 양식은 다음과 같다.

자기소개서 항목	포함할 사실 / 경험	중요 순서
성장과정	• 가족이나 친척을 통한 직업적 기본소양 • 지원하고자 하는 기업의 인재상과 관련된 가치관 형성배경 • 부모님의 가르침 • 생활신조 • 형제 및 자매 간의 우애	4
성격의 장단점	• 자신의 업무적인 장점을 부각시킬 수 있는 구체적인 일화 • 단점을 파악(장점과 단점으로도 활용될 수 있는 것을 착안) • 단점을 극복하고자 노력한 사항 및 결과	2
학교생활	• 교우관계 • 대학에서 배운 전문가로서의 지식과 소양 • 전공과 관련된 프로젝트 참여 및 완성에 기여한 정도 • 커뮤니티 활동	3
지원동기 및 입사 후 포부	• 지원하고자 하는 기업에 대한 직접 또는 간접 경험 • 기업분석을 통한 지원 기업의 장점과 단점 • 직무와 관련된 아르바이트 및 인턴경험을 통한 자기발견 • 기업분석에서 드러난 기업의 장점 극대화와 단점의 극복방안 제시 • 입사 후 구체적인 자기개발 방안 • 근무하면서 지킬 행동강령	1

서비스 마인드와 글로벌 매너 내용 참조

3) 자기소개서 작성과정

자기소개서는 지원자의 경험이 지원하고자 하는 회사나 업무와 어떤 연결고리가 있는지를 개성 있게 서술해야 한다. 그렇기 위해서는 다음과 같은 과정이 필요하다.

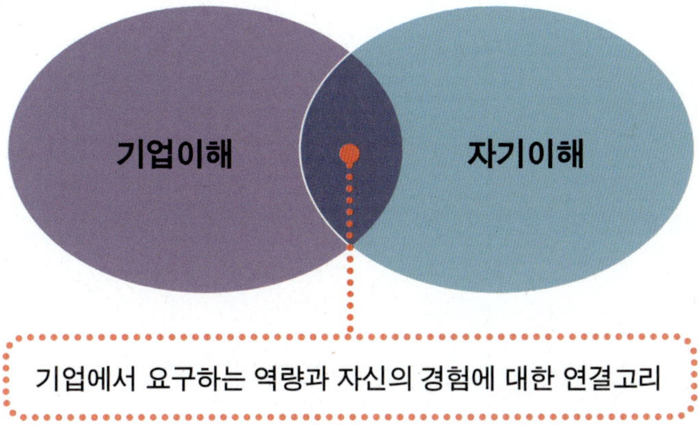

- 기업이해는 지원하고자 하는 기업의 인재상, 지원하고자 하는 부서의 직무와 역량을 파악해야 한다. 이러한 내용은 지원하고자 하는 기업의 홈페이지나 뉴스 기사를 검색하여 정보를 알 수 있다.
- 자기이해는 자신이 과거의 학교생활, 아르바이트나 인턴 경험 등의 다양한 경험에서 중요하다고 생각하는 경험들이 어떤 것들이 있는지 정리해 본다.
- 기업이해와 자기이해를 종합하여 기업이 요구하는 인재상이나 직무역량과 관련된 것이 무엇이 있는지 살펴보고 기술하도록 한다.

자기소개서 예시

성장배경	
성격의 장단점	
학창시절	
지원동기 및 포부	

사례

불합격 자소서엔 이유가 多 있더라

지원자의 스펙과는 관계없이 서류 문턱조차 넘지 못하는 '불합격 자소서'에는 공통된 특징이 있다. 실제로 취업포털 잡코리아가 지난 3월 인사담당자 794명을 대상으로 설문조사를 실시한 결과에 따르면 응답자의 60.3%가 '지원자가 기준을 만족시키는 스펙을 갖추었음에도 불구하고 자기소개서상 문제로 서류전형에서 탈락시킨 경험이 있다'고 밝혔다. 반대로 '기준에 미치지 못하는 스펙의 지원자임에도 불구하고 자소서를 이유로 서류전형에서 합격시킨 경험이 있다'고 밝힌 인사담당자도 58.9%나 됐다.

◆ 좋은 자소서 vs 나쁜 자소서

그렇다면 좋은 자소서와 나쁜 자소서의 특징은 무엇일까?

인사담당자들의 45.1%(복수응답)는 '핵심을 명확하게 작성한 명확한 자소서'를 가장 중요한 요소로 꼽았다. 2위는 '지원 직무와 업계 전반에 대한 이해도가 높은 자소서'가 34.5%로 2위를 차지했다. 이어 '우리 회사에 대한 관심과 이해가 잘 드러난 자소서'가 3위로 26.4%였다. 4~5위는 '지원자의 개성과 성향, 장단점이 잘 표현된 자소서'(22.2%), 5위는 '지원 직무와 관련한 경험을 중심으로 지식 · 역량을 잘 설명한 자소서'(21.5%)가 각각 차지했다. 이 밖에도 '실수나 군더더기 없이 깔끔한 문장으로 간결하게 작성한 자소서'(12.5%), '이력서 · 지원서와 함께 전체적인 글의 짜임이 좋은 자소서'(9.6%), '에피소드와 경험을 살려 읽는 재미와 함께 지원자에 대한 호감을 불러일으키는 자소서'(6.5%)도 지원자들에 대한 좋은 인상을 심어주는 잘 쓴 자소서로 꼽혔다.

반대로 나쁜 자기소개서의 가장 큰 특징으로 인사담당자들은 1위로 '산만하고 요점이 분명치 못한 자소서'(51.5%)를 꼽았다. 2위는 '비속어 사용과 맞춤법 실수 등 기본적인 어휘 구사력이 떨어지는 자소서'(37.9%)도 서류전형을 통과하지 못하는 자소서라고 지적했다. 3위는 '어디서 보고 베낀 듯한 인상을 주는 자소서'(34.9%), 4위는 '우리 회사에 대한 관심이나 이해가 부족해 보이는 자소서'(31.7%), 5위는 '지원 기업 · 직무를 오기하는 결정적인 실수를 저지른 자소서'(26.8%)도 눈에 들어오지 않는다고 응답했다. 그 밖에 '지원자의 성향 · 특성이 보이지 않는 진부한 자소서'(26.6%), '같이 제출한 이력서와 자소서 내용이 불일치하는 자소서'(14.9%), '짧은 경력 · 경험에 비해 과도하게 자신감을 표출한 자소서'(13.7%)도 인사담당자로 하여금 지원자에게 나쁜 인상을 갖게 하는 자기소개서로 꼽혔다.

◆ 자기소개서 작성 시 유의점

무조건 많은 스펙을 보여주려는 욕심에서 벗어나야 한다. 인사담당자들은 "하나의 에피소드에 집중하라"고 조언한다. 많은 경험을 보여주려다 보면 자칫 산만하고 특징 없는 경험의 나열에 그칠 수 있다는 것이다. 가장 강렬하고 나를 잘 보여줄 수 있는 에피소드를 발굴해 나만의 스토리를 만들어야 할 것이다. 그래야만 매력적으로 어필하는 자소서가 된다.

'성격의 장단점'을 쓰라고 하면 장점만 강조하는 지원자들이 의외로 많다. 단점인 듯 적으면서 사실은 장점을 말해본 경험은 취업준비생들이 흔히 행하는 실수다. 인사담당자들은 "단점이 없는 사람을 위해 단점을 묻는 게 아니다"라고 말한다. 단점을 보여주지 않기 위해 장점 같은 단점을 기록하는 것은 눈에 훤히 들여다보이는 속임수와도 같다. 솔직하게 단점을 기술하는 편이 낫다. 그 대신 단점에 대한 부정적인 결과는 간략하게 밝히고 그 단점을 개선 · 보완하기 위해 어떤 노력을 하고 있는지를 제시해야 한다. 물론 직무 수행에 장애가 되는 치명적인 단점이나 기업의 인재상이나 비전과 상반되는 단점은 금물이다. 가령 영업직군 지원자가 '낯을 많이 가려서 사람을 사귀는 데 오래 걸리고 긴장을 잘한다'고 쓴다면 매우 치명적일 수밖에 없다.

'성실한', '열심히' 등의 표현은 식상함을 준다. '무슨 일이든 맡겨만 주시면' 같은 표현도 너무 굽히고 들어가는 느낌이라 매력적이지 않다. 하고 싶은 일, 내가 잘하는 일, 관심이 있는 일을 명확히 밝히는 게 더 열의가 느껴지고 지원자의 미래를 더 기대하게 만든다. 또 회사와 지원자를 선을 긋는 것처럼 느껴지는 '귀사'라는 표현 대신 구체적인 지원회사의 이름을 쓰는 게 좋다.

출처 : 매일경제 2017년 6월 26일 기사내용

Worksheet

1. 고등학교부터 현재까지의 다양한 경험에서 중요한 의미를 갖게 된 경험은 무엇이며, 그 이유는 무엇인지 3가지를 적어보자.

2. 나의 성격의 장점은 무엇이며, 장점을 활용했던 경험은 어떤 것이 있었는지 적어보자.

3. 나의 성격의 단점은 무엇이며, 이를 극복하기 위해 노력했던 사례를 적어보자.

2 최근 면접질문과 방법

1) 면접의 의미

면접이란 서류전형을 통과하고 지원자의 인성, 태도, 가치관, 지식 등을 면접자와 지원자가 얼굴을 보고 알아보는 시험이다. 면접을 통해서 면접자는 이력서와 자기소개서에 작성된 지원자의 기초적인 부분과 서류만으로 미처 확인할 수 없었던 세부적인 내용을 확인하고자 한다. 지원자에게는 글로 표현되지 못했던 자신의 전반적인 능력을 홍보할 수 있는 가장 좋은 기회이기도 한다.

2) 면접의 종류

(1) 인성면접

❶ 의미

지원자의 기본적인 인성과 태도, 직무역량을 평가하는 면접이다.

❷ 진행방식

3~5명 면접관들이 지원자에게 가장 기본적인 질문에 대한 답변을 하는 것으로 이루어진다.

❸ 주의사항

자기소개에 대한 질문을 첫 번째 질문으로 많이 한다. 따라서 1분 자기소개를 작성하여 연습하는 것이 좋다. 질문에 대한 답변을 할 때에는 결론부터 이야기를 하고 3~4문장 정도로 30초 이상을 넘어가지 않도록 구조화하여 답변하는 연습이 필요하다. 간혹 면접관들이 당황스러운 질문을 하기도 하다. 그럴 때에는 당황하지 말고, 솔직하고, 감정적이지 않게 답변하는 것이 필요하다.

❹ 자주 나오는 질문

- 1분 동안 자기소개를 하세요.
- 지원동기는 무엇인가요?
- 자신의 취미를 소개해 보세요.
- 다른 회사는 어디에 지원했나요?
- 입사 후 포부에 대해서 이야기해 보세요.
- 입사 후 어떤 일을 하고 싶은가요?
- 자신의 강점과 단점을 말해 보세요.
- 마지막으로 하고 싶은 말은 무엇이 있나요?

(2) 토론면접

❶ 의미

한 가지 주제를 가지고 여러 사람이 각자의 의견을 이야기하는 면접방식이다.

❷ 진행방식

6~12명이 한 팀이 되어 집단면접방식으로 진행된다. 주제는 사회적으로 이슈가 되는 문제로 선정되는 경우가 많다. 토론면접을 통해서 지원자들의 전문적인 지식과 상식, 합리적인 의사결정을 하는 기본적인 역량을 가지고 있는지, 논리적이고 합리적으로 자신의 주장이나 의견을 표현하는지에 대하여 평가한다.

❸ 토론면접 준비와 기술

- 사회적 이슈에 대한 지식과 정보를 살펴본다.

  토론의 주제는 사회적으로 이슈가 되는 문제로 선정되는 경우가 많다. 따라서 평소에 뉴스기사나 사설 등을 꾸준히 보는 것이 필요하다. 특히 토론면접 주제가 최신 사회적 이슈로 선정되는 경우가 많으니 면접실시일 한달전 뉴스기사나 사설 등을 꼼꼼히 살펴보고, 토론주제가 될 수 있는 것이 어떤 것이 있는지 살펴본다.

- 토론주제에 대하여 다양한 관점을 생각해 보고 정리한다.

  어떤 주제를 다양한 관점으로 보면 이에 대한 이해와 문제해결을 위한 내용이 달라질 수 있다. 토론은 한 가지를 바라보는 다양한 사람들의 관점과 해결방법을 함께 이야기하면서 합리적인 의사결정을 하도록 돕는 것이다. 따라서 편협되고 경직된 한 가지 관점에서만 모든 상황을 바라보며 토론을 한다면, 합리적인 의사결정을 하는 과정이 될 수 없다. 따라서 다른 사람들의 의견을 존중하고, 창의적인 방법으로 문제를 해결할 수 있도록 다양한 관점으로 사물을 바라보는 훈련을 하는 것이 필요하다.

- 다른 사람의 말을 경청하고, 자신의 주장을 합리적으로 전달할 수 있는 방법을 익혀야 한다.

  토론면접에서 면접관들은 한 가지 주제를 가지고 여러 사람들이 함께 결론을 도출해 나가는 과정을 보고 지원자들을 평가한다. 이때 지원자가 전공지식과 일반적인 사회 이슈에 대한 상식을 잘 알고 있는지를 평가한다. 거기에 더 중요한 것은 토론 과정 중에서 다른 사람들의 이야기를 경청하고 존중하며, 자신의 주장을 논리적이고 합리적으로 다른 사람들에게 잘 전달하는지를 평가한다는 것이다. 따라서 평소 자기주장과 다른 사람의 의견도 잘 들어주는 태도와 자신이 생각한 바를 논리적으로 전달할 수 있는 말하기 능력을 연습하는 것이 필요하다.

❹ 주의사항

토론과 관련된 자신의 생각이나 의견으로 논리적으로 잘 말할 수 있어야 한다. 자신의 의견과 반대되는 사람과 감정으로 대응하지 않는 것도 중요한다.

(3) 프리젠테이션(PT) 면접

❶ 의미

특정 주제에 대하여 지원자가 준비한 포토폴리오를 활용하여 면접관에게 발표하는 면접 방법이다.

❷ 진행방식

특정 주제에 대하여 자신의 생각을 이야기하거나 주어진 문제에 대한 원인을 분석하고, 대인을 제시하여 발표한다. 보통 지원자 개인이 발표하고 여러 명의 평가자들이 평가한다. 보통 발표시간은 10분 정도 제한적으로 정해진다. 지원자가 발표 주제를 효과적으로 다른 사람들에게 잘 전달할 수 있는지, 문제해결능력, 문서작성능력, 기획력, 사고력 등을 잘 가지고 있는지 평가한다.

❸ 주의사항

포토폴리오 제작 및 발표기회를 통해서 자신의 발표스타일을 점검할 필요가 있다.

(4) 블라인드 면접

❶ 의미

평등한 기회와 공정한 평가과정을 통해서 인재를 채용하는 방법이다. 평등한 기회를 지원자들에게 주기 위해서 채용과정에서 편견이 될 수 있는 학력, 가족관계, 외모 등을 기재하지 않고 지원자의 직무역량을 평가하는 시스템이다.

❷ 진행방식

채용대상 직무를 NCS[1] 기반으로 분석하고, 그 결과를 바탕으로 해당 직무의 상세내용 및 직무능력[2] 평가기준을 정하여 사전에 명확하게 공지하며, 해당 기준으로 바탕으로 인재를 선발한다.

직무수행능력 + 직업기초능력 ⇒ NCS(국가직무능력표준)

- **직무수행능력** : NCS 홈페이지(www.ncs.go.kr) ⇒ [NCS 및 학습모듈 검색] ⇒ [분야별 검색] ⇒ 검색하고 싶은 분야 클릭하여 검색
- **직업기초능력** : NCS 홈페이지(www.ncs.go.kr) ⇒ [NCS 및 학습모듈 검색] ⇒ [직업기초능력] ⇒ 동영상 강의 시청

NCS홈페이지(www.ncs.go.kr) ⇒ [자료실] ⇒ [일반자료실] ⇒ [51번 직업기초능력 파일] 활용

---

1) NCS(National Competency Standards) : 산업현장에서 직무를 수행하기 위해 요구되는 능력(지식·기술·태도)을 국가가 산업부문별·수준별로 체계화 및 표준화 한 것

2) 직무능력 : 직업인으로서 기본적으로 갖추어야 할 공통역량인 '직업기초능력', 해당 직무를 수행하는 데 필요한 역량(지식·기술·태도)인 '직무수행능력' 등으로 구성

❸ 블라인드 면접 종류

경험면접	선발하고자 하는 직무능력이 필요한 과거의 경험을 질문
상황면접	특정 상황을 제시하고, 그 상황을 해결하는 지원자의 행동을 관찰하고 평가
발표면접	특정 주제에 관련된 지원자의 발표와 질의/응답을 통해 지원자의 역량을 평가
토론면접	제시한 토의과제에 대한 의견수렴 과정에서 지원자의 역량은 물론 상호 작용 능력을 평가

※ 능력중심채용사이트(www.ncs.go.kr/onspec/main.do)에 공개된 면접기출문항 참고

사례

면접자가 말하는 합격을 좌우하는 치명적인 면접실수는?

구인구직 매칭플랫폼 사람인이 기업 167개사를 대상으로 '지원자의 면접 실수 평가'에 대해 조사한 결과, 86.8%가 당락에 부정적인 영향을 미친다고 답했다. 이들 중 무려 77.9%는 면접 실수 때문에 지원자를 탈락시킨 경험이 있는 것으로 나타났다.

당락을 좌우하는 가장 치명적인 면접 실수로는 '면접시간 지각'(22.1%)이 1위를 차지했다. 계속해서 '질문 요지 파악 못하고 동문서답'(18.6%)이 바로 뒤를 이었고, '기업명, 지원분야 잘못 답변'(9%), '다리 떨기 등 불량한 태도'(8.3%), '질문에 대답 못함'(7.6%), '변명, 자책성 답변'(6.2%), '무례한 질문'(5.5%), '제출한 서류와 다른 대답'(4.8%), '불안한 시선처리와 표정'(4.1%), '지나친 자기자랑'(4.1%), '은어, 비속어 등 부적절한 단어 사용'(2.8%), '상황에 맞지 않는 옷차림'(2.1%) 등의 순이었다.

실수가 평가에 부정적인 영향을 미치는 이유로는 '성실성 등 평소 태도가 안 좋은 것 같아서'(55.2%, 복수응답)를 첫 번째로 꼽았다. 계속해서 '준비가 부족한 것 같아서'(33.1%), '역량이 부족한 것 같아서'(27.6%), '집중력, 주의력이 부족해 보여서'(16.6%), '자신감이 없어 보여서'(15.2%), '다른 지원자에게 피해를 줄 수 있어서'(2.1%), '면접 분위기를 흐릴 수 있어서'(1.4%) 등의 의견이 이어졌다.

한편, 기업들은 면접에서 실수했을 때의 좋은 대처법으로 '실수를 인정하고 답변을 정정한다'(89.2%)를 선택했다. 다른 의견으로는 '다른 질문에 더 열심히 대답한다'(4.8%), '웃음 등으로 자연스럽게 넘긴다'(3.6%), '면접관의 판단을 기다린다'(1.2%) 등이 있었다.

출처 : 파이낸셜 뉴스 2017년 11월 21일

Worksheet

예상 면접질문 작성하기

자기소개	1. 1분 동안 자기소개 작성하기(예시)
직무/능력	
경력/경험	
전공/지식	
지원동기	

www.joberum.com, www.saramin.co.kr, www.work.go.kr.

www.ncs.go.kr/onspec/main.do을 검색해서 최근 많은 질문되는 면접질문을 확인하고, 그 중에서 각 영역별 한 가지 질문을 선택하여 문항을 작성해 본다.

참고문헌

경향신문 2018.1.1. 보도자료

김경호(2008). 이미지메이킹의 이론과 실제. 높은오름.

김상희(2007). 서비스접점에서 판매원 언어적, 비언어적 커뮤니케이션이 고객감정과 행도의도에 미치는 영향. 소비자학연구, 18(1).

김인기, 이향정(2016). 성공취업진로. 양서원.

김일호(2015). 알면 알수록 특별한 술 와인&스피릿. 리스컴.

김제간(2014). 손에 잡히는 맛있는 와인 이야기. 새로미.

김효승(2008). 어떤 상대도 내 사람으로 만드는 62가지 기술. 작은키나무.

나은영(2002). 인간 커뮤니케이션과 미디어. 한나래.

나태영 외(2013). 관광서비스매너. 한올출판사.

나폴레온 힐(2007). The Law of Success 나폴레온 힐 성공의 법칙. 중앙경제평론사.

남미정(2015). 진로취업매뉴얼. 학지사.

데이비드 허친스(2001). 레밍 딜레마. 바다출판사.

로리 베스 존슨(2007). 기적의 사명선언문. 한언.

로버트 치알디니(2013). 설득의 심리학 1. 21세기북스.

리상섭, 김인숙, 박제일, 석기용, 김창환, 김소현, 노윤신, 최지은(2014). 직업 · 진로설계. 양서원.

마빈 토카이어(2001). 탈무드. 인디북스.

마크 포스터(2002). 스마트한 시간관리 인생관리 습관. 중앙경제평론사.

모건 스콧 펙(2011). 아직도 가야 할 길. 율리시즈.

박기순(1998). 대인 커뮤니케이션. 세영사.

박윤희(2016). NCS 직업기초능력의 이해와 실습. 시그마프레스.

박춘란(2014). 세계의 식생활문화. 도서출판 효일.

브라이언 트레이시(2006). 목표 그 성취의 기술. 김영사.

상식으로 보는 세상의 법칙 : 심리편. (주) 북이십일 21세기북스.

손일락 외(2014). 성공적인 면접과 취업의 길라잡이 비즈니스 매너의 이해. 한올출판사.

손일락, 김영식(2013). 비즈니스 매너의 이해. 한올출판사.

송유정 외(2007). 이미지메이킹. 예림출판사.

스테벤 텐 하베(2000). 경영의 지혜. 비즈니스맵.

신우성(2015). 관광서비스. 백산출판사.

심윤정 외(2016). 서비스마인드와 글로벌 매너. 양성원.

심윤정 외(2017). 서비스마인드와 글로벌 매너. 양성원.

심윤정, 고샛별, 최욱희, 이수명(2016). 서비스 마인드와 글로벌 매너. 양성원.

심윤정, 신재연(2016). 고객서비스 실무. 한올.

앨런 피즈, 바바라 피즈(2005). 보디랭귀지. 북스캔.

앨런 피즈, 바바라 피즈(2013). 그 여자 그 남자의 보디랭귀지. 이상북스.

에릭 J. 아론슨(2013). 대시하라. 이콘.

오익재(2006). 상대의 마음을 사로잡는 보디랭귀지. 예솜출판.

오재복, 노연아, 박반야, 백종준(2017). 따라하고 싶은 테이블 매너. 백산출판사.

오정주, 권인아(2003). 비즈니스 매너와 글로벌 에티켓. 한올출판사.

오정주, 권인아(2013). 비즈니스 매너와 글로벌 에티켓. 한올출판사.

오정주, 권인아(2017). 비즈니스 매너와 글로벌 에티켓(3판). 한올.

이경미(2014). 글로벌 비즈니스 매너. 한올출판사.

이대현 외(2017). 성공적이 취업과 직장생활. 수양재.

이동희, 윤병국(2005). 매너와 이미지메이킹. 형설출판사.

이재희, 최인희(2016). 비즈니스 커뮤니케이션(2판). 한올.

이정원, 이준호, 박주영, 박명순, 권정임, 신은미(2017). 매력이 넘치는 매너 플러스. 교문사.

이태현 외(2017). 취업과 직장생활. 양성원.

이태현, 김윤진, 김미경(2017). 취업과 직장생활. 양성원.

이향정, 오선미, 김효실(2010). 매너지수를 높이는 글로벌 매너 글로벌 에티켓. 백산출판사.

일카네기(2003). 링컨 당신을 존경합니다. 함께읽는책.

일카네기(2003). 링컨 당신을 존경합니다. 함께 읽는책.

임유정(2017). 스피치 트레이닝, 60일의 기적. 원앤원북스.

정세환(2009), 비즈니스 매너. 팜파스.

정운(2004). 스님 요즘 뭘하십니까. 여시아문.

정정희, 허정, 김업식, 이강춘, 권오천, 이여진(2012). 흥미롭고 다양한 세계의 음식문화. 교문각.

정지수(2013). 이미지 메이킹 파워. 백산출판사.

조성진, 강재열, 황윤성, 양윤성(2017). 대학생을 위한 진로탐색과 취업전략. 양성원.

조영대(2010). 글로벌 에티켓과 매너. 백산.

존 그리샴(2005), 타임 투 킬. 시공사.

주영애 외 2인(2010). 매너와 이미지메이킹 플러스.

주영애, 김선주, 박상욱.(2010). 매너와 이미지메이킹 플러스. 신정.

지희진(2016). 글로벌 매너와 이미지 스타일링. 한올.

지희진, 한혜숙, 박연희, 최인희, 윤현조(2016). 퍼스널 이미지와 매너. 양성원.

천성문, 김미옥, 함경애, 박명숙, 문애경(2017). 대학생을 위한 진로코칭. 학지사.

최광선(1999). 몸짓을 읽으면 사람이 재미있다. 일빛.

최기종(2006). 매너와 이미지메이킹. 백산출판사.

최인희(2013). 관광서비스종사원의 이미지메이킹과 셀프리더십 및 커뮤니케이션이 조직성과에 미치는 영향. 경주대학교 박사학위논문.

카민 갤로(2007). 세계 최고 비즈니스 커뮤니케이터들의 10가지 성공비법. 북 코프.

피터드러커(2012). 자기경영노트. 한국경제신문.

하이럼 스미스(1998). 성공하는 시간관리와 인생관리를 위한 10가지 자연법칙. 김영사.

한명숙(2005). 자기이미지 커뮤니케이션. 교문사.

홍두표(2009). 글로벌 비즈니스 매너. 한올.

E. Hall(1984). The Dance of Life : The Other Dimension of Time(NY : Doubleday).

Alan Randolph(1985). Understanding and Managing Organizational Behavior, Homewood IL : Irwin.

Anderson. J. S. & Prussia, G. E.(1997). The self-leadership questionnaire : preliminary assessment of construct validity, ***The Journal of Leadership Studies***, vol.4, 119-143.

Bateman, T. S., & D. W. Organ(1983). Job Satisfaction and the Good Soldier : The Relationship Between Affect and Employee Citizenship. ***Academy of Management Journal***, 26, 587-595.

Ellis, D. S.(1976). "The central of communication in complex organizations" in P.A. Page & G.I. Zimmeraman(eds), Communication in organizations(New York : West Pablishing), p.18

Manz, C. C.(1986). Self-leadership : toward an expended theory of self-influence processes in organizations, Academy of Management Review, vol.11, No.3, 585-600.

Boulding, K. E.(1996). The Image, (Ann Arbor : University of Michigan Press, 1996), p.5-6.

〈웹사이트〉

네이버 지식백과

두산백과 NAVER 지식백과

외교부-의전의 기본원칙

http://www.mofa.go.kr/webmodule/htsboard/template/read/korboardread.jsp?typeID=6&boardid=165&seqno=312080&c=&t=&pagenum=1&tableName=TYPE_DATABOARD&pc=&dc=&wc=&lu=&vu=&iu=&du

http://blog.naver.com/ceola

http://blog.naver.com/PostView.nhn?blogId=leewh816&logNo=221154320817

http://blog.naver.com/kelleymint

https://blog.ehl.edu/key-reasons-why-now-is-the-best-time-to-start-networking

찾아보기

ㅅ

ㅇ

ㅈ

❀ ㅊ

❀ ㅍ

❀ ㅎ

❀ 기타

저/자/소/개

■ 최인희

경주대학교 대학원 관광경영학박사
현) 경기대학교 서비스경영대학원(AMP) 초빙교수

■ 이진영

경희대학교 대학원 호텔관광학박사
현) 국제대학교 호텔관광경영과 교수

■ 정은경

경희대학교 대학원 경영학박사
현) 국제대학교 호텔관광경영과 교수

■ 정현경

세종대학교 대학원 호텔관광경영학박사
현) 가천대학교 경영학과 겸임교수
경인일보, 미래사회발전연구원 이사

■ 황현희

이화여자대학교 대학원 국제사무학 문학석사
현) 인하공업전문대학 비서과 겸임교수

■ 황혜원

숙명여자대학교 대학원 교육학박사
현) 정화예술대학교 교양과정부 조교수

고품격

서비스 통(通) 매너

1판 1쇄 인쇄 — 2018년 3월 2일
1판 1쇄 발행 — 2018년 3월 5일

저　　자 - 최인희 · 이진영 · 정은경 · 정현경 · 황현희 · 황혜원
발 행 인 - 강 철 원
발 행 처 - 양 성 원
주　　소 - 경기도 파주시 검산로 173번길 29-20
전　　화 - 031-946-3861(代)
팩　　스 - 031-946-3864
이 메 일 - tnwpub@naver.com
홈페이지 - tnwpub.co.kr
출판등록 - 2015년 8월 31일 제 2015-000211 호

ISBN 979-11-6126-098-3

정가 18,000원